1万人の夢を分析した研究者が教える今すぐ眠りたくなる夢の話

松田英子

ワニブックス
|PLUS|新書

はじめに

私たちは先行き不透明で不確実な時代を生きています。

私は「団塊ジュニア」と呼ばれる子どもの数が多い世代に生まれました。何をするにも競争がつきまとい、大学受験期には「4当5落」という言葉がありました。若い読者の方にはなじみがないかもしれませんが、「4時間睡眠で受験勉強を頑張った人は大学に合格するが、5時間寝た人は不合格となる」ことを示す言葉です。熾烈な競争社会のなかで、今では考えられないような根性論がそこかしこに溢れていました。

なんとか受験を乗り越え、大学に入学したのはバブルがはじける直前です。ビジネスマン向け栄養ドリンクのテレビCMでは「24時間戦えますか」というキャッチフレーズが繰り返し流されていました。

つまり今から35年ほど前の日本は、労働量で社会全体の経済成長が見込めた時代であったということです。そのため受験生も社会人も、睡眠時間を削って生産的な活動に邁進(まいしん)していました。

時代が変わり、目に見える経済的な成長が見込めなくなった現在の日本は、さまざまな点で成熟した社会となってきました。労働の量より労働の質が問われる時代となり、新しい発想や感情の制御がより重要な時代となってきたといってよいでしょう。

むしろ今の時代は睡眠時間をたっぷりとって、クリエイティブに仕事をすることが必要な時代となったといえます。これは「働き方改革」に寄与する流れと考えます。

こうして時代の流れが大きく変わっていくなかで、睡眠の質を上げることや、睡眠中にみる夢の活用について着目されることが増えてきました。

夢から心の健康を

私は心理学のアプローチから夢の研究を続けて30年になりました。

大学院で博士号を取得し、臨床心理士として産業カウンセリング、キャリアカウンセリング、教育相談などの分野で活動しつつ、大学にて教育と研究を続けています。

私の研究テーマの目標は、「睡眠中の夢から心の健康を」というものです。

専門は「心の健康」にかかわる臨床心理学ですので、薬を使わずに悪夢や不眠を減らす心理学的な方法や、眠りや夢に着目し眠りの質を高める方法の研究を長年にわたって少しずつ進めています。

また、「性格と夢の個人差」「ストレスが夢に及ぼす影響」「レム睡眠中の急速眼球運動数と夢の特徴の関係について」「夢の生涯発達的変化」なども主な研究テーマとしています。

今は子どもから高齢期までを対象とした夢みる人の生涯発達と夢の変化について関心があり、1万人以上のさまざまな年代の方の夢を収集して分析しています。さらに、夢をみている最中に夢と気づくことで、夢の筋書きを自由自在にコントロールできる「スーパー明晰夢（めいせきむ）者」を対象にした睡眠実験もおこなっています。

夢に着目する方々が増えたためか、ありがたいことにテレビ出演や、新聞などのメディア関係で取材を受けることも多くなってきました。

私たちは毎晩いくつか夢をみている

そもそも夢とは記憶情報の処理過程のことで、私たちは毎晩、複数の夢をみています。
「実は（誰でも）毎日夢をみているんですよ」というと、多くの方が驚かれます。

覚えている頻度は人によってさまざまですが、夢の記憶は儚（はかな）いもので、「夢をみたことを覚えていない」、あるいは「思い出そうとしたけれど忘れてしまった」ということも多いでしょう。

1年に1回ぐらいしか夢をみない、というような人もいますが、みていないのではなく、ほとんどの場合、覚えていないだけです。

「自分はあまり夢をみない」という方でも、実験室で眠ってもらい、ちょうど夢をみている時間に起こせば、ほとんどの人がその内容を報告できます。そんな方にとっては、「うそ！　本当に夢をみていたんだ！」とこれもまた驚きの体験のようです。

睡眠と夢に関する間違った思い込み

睡眠や夢の体験は、自分に起こったことながら正確に把握することが難しいものです。不眠症の患者さんが、「あんまり眠れなかった、辛い」と訴えるものの、実験ではきちんと眠っている時間が確認されるなど、主観的体験と客観的データの乖離（かいり）はよくあることで、これを「睡眠状態誤認」といいます。

また、「8時間睡眠が一番健康によい」「子どもにはお昼寝が重要」との神話的な思い込みもありますが、これらを一律で守ろうとすることにはあまり意味がありません。もともとの性質や日中の活動量などによって、必要な睡眠時間には個人差があるからです。とくに日本の保育園のお昼寝は大人の事情によるもので、「必要のない子を無理に寝させることは夜間睡眠の質を下げる」と〝お昼寝撲滅運動〟をしている先生方もいます。

また、夢については人と共有することや比較することが少ないためか、自分の夢をみるペース、つまり覚えているペースが普通だと思い込んでいる人が多いです。

ひと晩にいくつも悪夢をみていることでお辛いという方が、「ほかの方もそうだと思っていました」とおっしゃったときには「そうかー」と驚くとともに納得しました。

このように、自分の体験であっても睡眠や夢について正確にとらえているか。また、それらの体験が誰にでも共通性のあるものなのかどうかは、調べてみないとわからないのです。

夢はパーソナリティを反映するからおもしろい

ドイツの有名な夢研究者シュレードルによれば、客観的評価では、ポジティブな感情が〝優勢〟な夢をみる確率が21・1％、ネガティブな感情が〝優勢〟な夢をみる確率は56・4％、感情をともなわない夢をみる確率が13・5％、感情のバランスがとれた夢をみる確率は9・0％です①。

自己評価とのズレはあるでしょうが、ネガティブな感情の夢が多い点は共通しています。

夢はいつも同じではなく、忘れ去ってしまった夢から、楽しい夢、焦る夢、飛び起きるような悪夢、ストレスによるＰＴＳＤの悪夢まで、いろいろな階層があります。

また心の健康の度合いのみならず、年代による差や成長にともなう変化など生涯発達やパーソナリティ（性格の差）も反映するので、知れば知るほど本当におもしろいのです。

夢をみていることに気づく「明晰夢」の魅力

みなさんは「明晰夢」という夢をご存じでしょうか？

普通の夢は夢をみているという意識がなく、多少無理な設定でも夢の中ではおかしいとは思わずに最後まで夢をみます。そうではなくて、夢をみている途中に「これは夢だ」と気づく夢のことです。

明晰夢には現実より鮮明なイメージを楽しめる喜びがあります。また、明晰夢をみられる人の中には夢の展開をコントロールできる人もいて、たとえ夢の最初が悪夢でも、筋書きをポジティブに書き換えて気持ちよく目覚めることができたりします。

この明晰夢の可能性や、どうすれば明晰夢をみられるようになるかなど、くわしくは本文に譲りますが、夢と上手に付き合っていく手段としてとても有効なものです。

夢は自分に活かせる

睡眠中に、または夢をみている最中には、生きるために重要な作業がおこなわれており、夢はその一部を私たちに教えてくれます。睡眠と覚醒のメリハリをつけて、睡眠をたっぷりとって自分のみる夢に注目することは、自分らしく生きるうえで有用です。

・自分の思考、感情、行動をセルフモニタリングできる
・失敗をシミュレーションして、よりよく生きる
・夢で問題解決のアイデアを思いつく
・夢のイメージを活かして自分の人生を切り開く

夢にはこんなふうに、私たちが自分らしくよりよい人生を歩んでいくためのヒントがたくさん隠されています。さっそく第1章からご紹介していきましょう。

さあ、夢の世界にようこそ！　どうぞお楽しみください。

1万人の夢を分析した研究者が教える　今すぐ眠りたくなる夢の話　目次

第3章　「夢」はこんなにおもしろい！

第1章　「夢」とは何か？

夢には個性があるからおもしろい

私たちは通常、起きたあとには夢と現実を区別できますが、夢の中では夢を現実だと思っています。これは、夢をみている間は（脳の中で認知機能を担っている）前頭前野（ぜんとうぜんや）が不活発で、現実との違いを認識できないためです。みなさんにも「夢でよかった～」、あるいは「夢で残念……」という体験があるかもしれませんね。

夢は私たちの記憶の連続性も示しています。

目覚めているときに入力され、処理した情報を記憶し、整理したのが夢なので、覚醒中と睡眠時の思考には連続性があります。記憶が連続していることが、私が「私」であることを信じられる前提であり、私たちが生まれてから現在までの歴史を示しています。

つまり、年代による差や成長にともなう変化など、夢は生涯発達やパーソナリティ（性格）の差をはじめとした個人差を反映するからおもしろいのです。

その一部を少しご紹介しましょう。

①性格による差――夢が記憶に残りやすいかどうか

その日の睡眠時間にもよりますが、人は毎晩3つから5つくらいの夢をみています。「年に1回夢をみるかどうか」という人も、実は寝ている間に何回も夢をみているのですが、朝起きたときに記憶に残っていないだけです。

ただ、夢を覚えているかどうかには、大きな個人差があります。

夢をみる頻度が少ない人、つまり夢が記憶に残りにくい人を、専門的には「低想起者（ていそうきしゃ）」といいます。低想起者の性格的特性としては、情緒が安定していて、のんびり、穏やか、現実的で、ストレスにも柔軟に対処できる傾向があります。

反対に夢が記憶に残りやすい人は、ひと晩にみた夢を2つも3つも覚えていることがあります。夢をよく覚えている人は「高想起者（こうそうきしゃ）」といい、平均的には心配性で不安傾向の高い人です。これは、さまざまなことが気になり、夢の中でもなんとか準備しようとしているのではないかと推測します。夢の中でも準備が終わっていない、時間が間に合わない、何度も何度も繰り返して焦る、などがよく報告される内容です。

このように夢が記憶に残りやすいかどうかをパーソナリティと結びつけたのは、私が学部から大学院時代にかけて実施した、心理検査を用いた調査と睡眠実験[2]によります。

正確に言えば、普段から夢をよく覚えている5人（高想起群）と、普段の生活ではほとんど夢を覚えていない5人（低想起群）を抽出して、「毎晩夢をみているのは間違いないし、実験室でレム睡眠のときに起こせばどちらも夢の内容を報告できるのに、何が違うのだろう？」という発想から比較をおこないました。なお、被検者のもともとの性格については、心理検査で確認しています。

実際どちらのグループも、レム睡眠の時間には統計的に有意な差はなく、いずれのグループも夢を報告できたのですが、違いは「レム密度」でした。

つまり高想起者は低想起者よりレム睡眠の時間当たりにおける眼球運動の数が多かったのです。そして夢の内容の不安度が高かったのです。これは脳の活動レベル（覚醒水準）を反映していると考えています。

その当時は、高想起者は不安を引き起こしやすい性格特性があることがわかり、夢に現れた不安度に着目していましたが、いまは夢の鮮明さなども関係していると思われます。鮮明だから覚えているのか、情動的であるから覚えているのかは不明ですが、おそらくそのどちらでもあると考えます。

②年代による差――夢は白黒かカラーか

みなさんの夢には色がついていますか？　それとも白黒でしょうか？
ここで、私の読書会仲間であるAさんご一家の会話をご紹介しましょう。
関西にお住まいの90代のお父さまとお母さま、50代のAさんの会話です。

お父さま「夢はみるけど、あんまし覚えてへん。カラーか白黒か……ようわからん」
お母さま「私は、白黒！　夢に出てくるのは、亡くなったおばあちゃん（Aさんにとっての祖母）なんかの夢が多いけど、白黒やわ。なんかそれって（白黒って）、おかしいの？　いま思い直しても、白黒で間違いない」
Aさん「それって、間違いない？　実は、若い子はカラーで夢をみるみたいなんやけど……何か思いつくことある？」
お母さま「へ～。ほんま？　私は、白黒で間違いないわ。小さいときから、夢は白黒でしかみたことないよ。若い子はカラーなん！　いや〜ビックリやわ〜。なんで私が白黒で、若い子がカラーなんか、まったくわからん」

私はこの会話を聞いたとき、熱狂的な阪神タイガースファンであるAさんご家族のお母さまの夢に阪神のユニフォームがでてくるときは、ホームゲームなら白地、ビジターならグレー地に、いずれも黒の縦縞（たてじま）なんだろうなとイメージしました。

個人差は大きいのですが、このように白黒の夢をみるのは年配者に多く、若者にそのことを伝えるとみなさん驚きます。大学生では「夢は白黒です」という人はかなり少数派に入ります。

かつては「色つきの夢をみる人は脳に障害がある」「色のついた夢をみる人は知能が高い」などの俗説があったようですが、それは調べた時代によるものと考えられます。日本でいつもカラーの夢をみる人は、一九九三年には約20％でした。二〇〇九年には20代ではカラーの夢は50％以上、60代以上では10％以上という調査報告があります。

夢が色つきか白黒かを決めるのは、加齢という発達的要因と、白黒テレビからカラーテレビへの変化という社会文化的要因が関連しているのではないかと考え、日本とドイツの研究者が実証研究を進めています。

一般的には、年齢を重ねると夢は鮮明度が淡くなり、画像処理でいえば少し画質を落とした感じになるようです。

みている夢を自覚する「明晰夢」

夢は睡眠中、自動的に起こる情報処理過程なので、基本的に自分の意識でコントロールできるようになっていません。もし、ある程度自分の意志で夢の内容をコントロールできるとしたら、眠りの時間はとても楽しくなるはずです。

夢はもともと覚えるようにはできていないし、いやな夢ほど覚えていることが多いです。この状況で思いどおりの夢をみるというのは困難なことですが、それでも「夢はどこまでコントロールできるか」をテーマに、生理心理学的視点からその存在証明に取り組んだ成果が「明晰夢」です。

「はじめに」でも少しご紹介しましたが、明晰夢とは、「自分がいま夢をみていると自覚する夢」のことです。

夢と現実の違いに気づくことをきっかけに、「夢をみている最中」だと自覚して、そのまま夢をみ続けることができる人もいれば、静かに、映画のように第三者的視点でみている人もいます。さらに、夢の中に登場する自分の動きをコントロールすることができる人もいます。あたかも映画のディレクターのように、「夢なのだから……」とものを自由に取り出して事態の解決に役立てたり、自分が満足を得るような夢の結末になるように、途中から、あるいは最初から何度もやり直したりすることができる人もいます。

さらに夢の中でのひらめきを夢の中で記録することができるという人もいます。

かつてスティーブン・ラバージらが著した『明晰夢の世界を探る』では、「人生は夢である。（夢は）生きるためのリハーサルである」[3]というようなことが述べられていて納得します。

また、現代において明晰夢は、悪夢をみる患者の夢をポジティブに変容させるための支援法としても使用されているのです。

人は何歳から夢をみるのか

鮮明な夢をみているとされるレム睡眠の時間帯は、実は胎児からも観察されています。胎児のレム睡眠はたいへん長く、たっぷりある睡眠時間のうちレム睡眠とノンレム睡眠が半々で、生まれる直前が最長の時間です。とはいえ、その夢はいわゆるわれわれがみる夢とは異なるのではないかと推測する研究者もいます。

生まれたばかりの新生児は、まさに生きるために眠るといってよいと思いますが、一日に占める睡眠時間も16時間から20時間と長く、睡眠のサイクルは同じくレム睡眠が50%、ノンレム睡眠が50%です。成長とともに睡眠時間は短縮し、レム睡眠とノンレム睡眠の割合も変化します。その後、成年期以降から老年期まで、レム睡眠が約20%、ノンレム睡眠が約80%で維持されていきます（図1）。

乳児から幼児までの間に脳の神経基盤（ニューロン間の回路［シナプス］）を整えることは生存のために重要で、この時期に比較的量が多いレム睡眠は、これらシナプスの形成に重要な役割を果たすと考えられています。この時期にみる夢を、夢と認識して語

図1 睡眠の生涯発達④

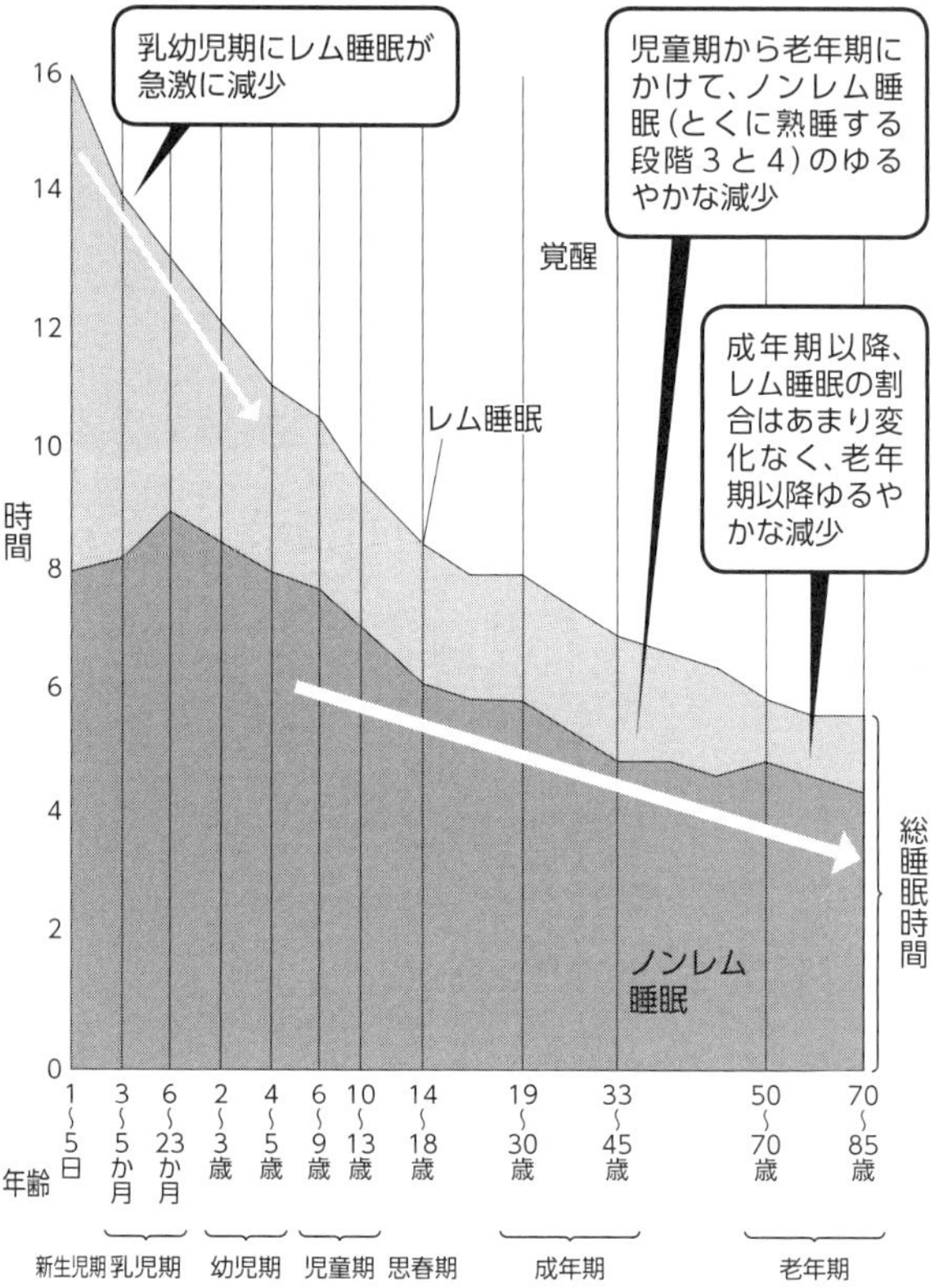

乳幼児期にレム睡眠が急激に減少
児童期から老年期にかけて、ノンレム睡眠（とくに熟睡する段階３と４）のゆるやかな減少
成年期以降、レム睡眠の割合はあまり変化なく、老年期以降ゆるやかな減少
覚醒
レム睡眠
ノンレム睡眠
総睡眠時間
時間
16
14
12
10
8
6
4
2
0
年齢
1〜5日
3〜5か月
6〜23か月
2〜3歳
4〜5歳
6〜9歳
10〜13歳
14〜18歳
19〜30歳
33〜45歳
50〜70歳
70〜85歳
新生児期
乳児期
幼児期
児童期
思春期
成年期
老年期

りはじめるまでは、少なくとも生後2～3年はかかるようです。

夢と認知発達研究の先駆者である心理学者ディヴィッド・フォルケスは、幼児と児童を中心に夢の認識について調査しました[5]。

その結果、幼児期中盤の3～4歳で夢の報告があるのは約15％で、日常生活のワンシーンや何かを観察する受け身的な夢だそうです。まるでテレビか何かを視聴しているような感じで、きっとこの頃の夢は自分の外からやってくるものなのでしょうね。

幼児期後半の4～5歳では約30％で、友だちと遊ぶなど社会性が夢に現れてきます。生活空間の広がりが関連してくる時期であり、小学校に上がる7～8歳では、夢の主人公が自分で、夢は自分の内部から発生するものとわかりはじめるようです。これは自分の記憶を客観的に判断するメタ記憶が小学校の低学年から育ちはじめ、自分の記憶と夢の内容をセルフモニタリング（自己監視）できるように成長したということを意味しています。

ところが成年期をピークとして、加齢とともにゆるやかに夢の想起頻度は低下していきます。

また、小さい頃は悪夢を覚えていることが多いこともわかっています。これは自分を取り巻く世界のさまざまなことに自分の力で対処することが難しいためと考えます。

日本から世界に向けて発信された悪夢に対する心理療法に「森田療法」があります。

その創始者の森田正馬（まさたけ）は、少年の頃に真言宗のお寺で極彩色の地獄絵図を見て強く「死の恐怖」を意識したことがきっかけで、地獄に関する悪夢をみたそうです[6]。

その後、「〝死への恐怖〟はすばらしいものを生み出す〝生への欲望〟の裏表であり、死への恐怖感情を自然なこととして受け入れ、とらわれからの解放をめざし、受け入れること」を自分が確立した森田療法の中心テーマにしたことはとても印象深いです。

子どもの頃の印象的な夢が、生涯をかけて取り組む研究テーマにつながっていったわけです。

人生のうち6年から7年半も夢をみている

年齢によっても異なりますが、レム睡眠の時間は平均で全睡眠時間の20〜25%です。

日本人の平均年齢から試算して人生の時間を90年とすると、睡眠の時間は30年、そして夢みる時間は6年から7年半となります。

普段夢を覚えていない方はとくにビックリされることでしょう。

生まれつき目が見えない人はどういう夢をみる?

われわれが日常生活のなかで使っている感覚は夢に現れます。視覚や聴覚は比較的出現頻度の高いメジャーな感覚で、嗅覚、味覚、皮膚感覚などはマイナーな感覚です⑦。

それでは、感覚情報の処理に障害がある方の場合はどうでしょうか。

一般的には、障害のある感覚以外の感覚が優勢になるようです。視覚障害を例とすると、先天盲か中途失明か、また失明の時期によっても異なり、失明をしたのが5歳以下の場合〝見る〟ことがわからず、7歳以降は視覚の記憶情報があるので、夢に関しても〝みる〟ことがわかっています。

聴覚に障害がある高校生の夢では、聴覚に障害がない高校生よりも、聴覚以外の感覚が高いという調査報告[8]があります。

つまり普段の生活からよく使っている感覚が、夢にも現れやすいということでしょう。たとえば音楽家には聴覚に関する夢が多いことと同じです。さらに、嗅覚、味覚は一般的にはマイナーな感覚の夢ですが、香料や食品に関わる職業の方は、夢で体験する頻度が多いのではないでしょうか。

先天盲の方が夢で〝みる〟症例の報告[9]や実験研究もあります。

先天盲のアメリアさんは、「鮮やかな夢をみる（視覚、色覚、触覚を含む）」そうですが、視覚を視覚以外の感覚で補っているようです。

もちろん夢を覚えているか否かという特徴そのものにも個人差は大きいようで、「完全に夢をみていた幼い頃から夢を覚えていない人」は大人になっても覚えていません。また夢をみたことはなんとなく覚えていても、内容はいつも覚えていない場合もあります。

二〇〇三年に実施されたポルトガルの研究[10]でも、「先天盲の人も夢の中でみることができる」としています。自宅での、複数の生理反応を同時に記録する実験である「終夜睡眠ポリグラフ実験」が次のように実施されました。

ひと晩に脳波や眼球運動、呼吸、筋電図等を測定し、覚醒か睡眠か、睡眠ならノンレムの1～4段階かレム睡眠かを判定する。

ひと晩に4回目覚ましで起き、夢の内容をレコーダーに音声で吹き込んで、翌朝紙に（夢の）絵を描く。統制群（比較する群で視覚障害のない方々のグループ）は目をつぶって描く。実験群（先天盲の方々のグループ）と統制群で絵の才能や絵の視覚的要素にも差がない。

以上の実験により、睡眠中にアルファブロッキングの現象があり（高度な情報処理をしているのでアルファ波［脳が発生する電気的信号］が消えたという意味）、これが視覚心像の処理をしている証左として、夢を示していると主張しています。

レム睡眠の発見

一九五〇年代のアメリカのシカゴ大学にユージン・アゼリンスキーという30歳を過ぎた子持ちの大学院生がいました。

いくつかの大学を渡り歩き、これといったまとまった研究成果を上げられないままでした。シカゴ大学ではクライトマン教授から命じられ、それほど興味がなかったものの、「入眠時の子どもの痙攣（けいれん）性眼球運動」について、つまりまぶたの上から眼球運動を観察して博士論文を書こうとしていました。

すると入眠時の眼球運動とは異なり、周期的に急速に眼球が動く睡眠の時間帯を発見したのです。さらにその段階でその人を起こすと鮮明な夢をみていることがわかり、レム睡眠（Rapid Eye Movement Sleep）が発見されたのです。

みなさんも、ペットも含めた家族の睡眠中のまぶたを見るとピクピクピクッと動いていることに気づいた体験があると思います。そのときにそっと起こすと、人間の場合はみていた夢を教えてくれる可能性が高いです。

これが一九五三年、夢の科学の扉を開いたレム睡眠の発見でした。

しかしながらアゼリンスキーは、クライトマン教授とあまり心の交流が生まれず、実験を手伝ったウィリアム・ディメントがアメリカのシカゴで睡眠学者として大成功しました。その後、アゼリンスキー自身は睡眠科学の世界では不遇の人生を送ったということです[11]。

博士論文を書くためにおこなった睡眠実験でアゼリンスキーが発見したものは、眠りについての大きな発見だったのです。

では、その後の人生の変遷のなかで、彼はどんな夢をみていたのでしょうか。人生の苦難を乗り越え、夢の研究とは別の世界での幸運やパーソナリティの成熟が現れた夢をみたことを願わずにはいられません。

レム睡眠とノンレム睡眠

進化の歴史上では先にノンレム睡眠（夢をみにくい）が現れ、あとでレム睡眠（夢をみやすい）が現れたそうです。レム睡眠は大脳の進化発達とともに出現したといえます。ですから哺乳類にはレム睡眠が確認できるのです。ひと晩のなかでは、先にノンレム睡眠がきて、後でレム睡眠がくるという約90分のサイクルを何回か繰り返すことが確認されています。入眠から明け方にかけてこのユニットが繰り返されるほど、レム睡眠の割合が次第に長くなります。

ノンレム睡眠は、浅いまどろみのステージ1からスタートします（図2）。そして、熟睡するステージ3、4まで進みます。なお、近年ではステージ4をステージ3と併せてとらえています。そしてノンレム睡眠のときには、余分なシナプスを整理・修正し、頭のお掃除をしているのではないかと考えられています。

レム睡眠時は、体はぐったりしていますが、目はキョロキョロと動き、脳は起きているときと同様に活発に活動しています。このときに、実際に夢をみている間は自覚がありませんが、鮮明で奇想天外なストーリー性のある夢をみているのです。

睡眠は脳の休息がメインなので、睡眠の前半でしっかりノンレムのステージ3、4（深い眠り）をとります。ところが歳をとるとノンレムのステージ3、4が短くなり、これが熟眠感のなさをもたらします。レム睡眠の機能に関して、「レム睡眠中には次のような作業がおこなわれている」とされている仮説をまとめてみました[12]。

1. 記憶の整理と弁別（脳のフォルダの整理）
　こちらはノンレムのステージ3、4でもやっているという説もある
2. 記憶情報の固定（長期記憶へ保存）と消去（脳の容量のデフラグ化）
3. 記憶情報にまつわる感情の処理→辛い記憶を和らげる

レム睡眠のときには、脳はアイドリングをして、目覚めたあとの働きをよくするために準備しているようなイメージです。

レム睡眠が最初にくると起こること

ひと晩の睡眠のなかで、ノンレム睡眠ではなくレム睡眠が最初にくると、「入眠時レ

図2　睡眠ダイヤグラム(ひと晩の経過)⑬

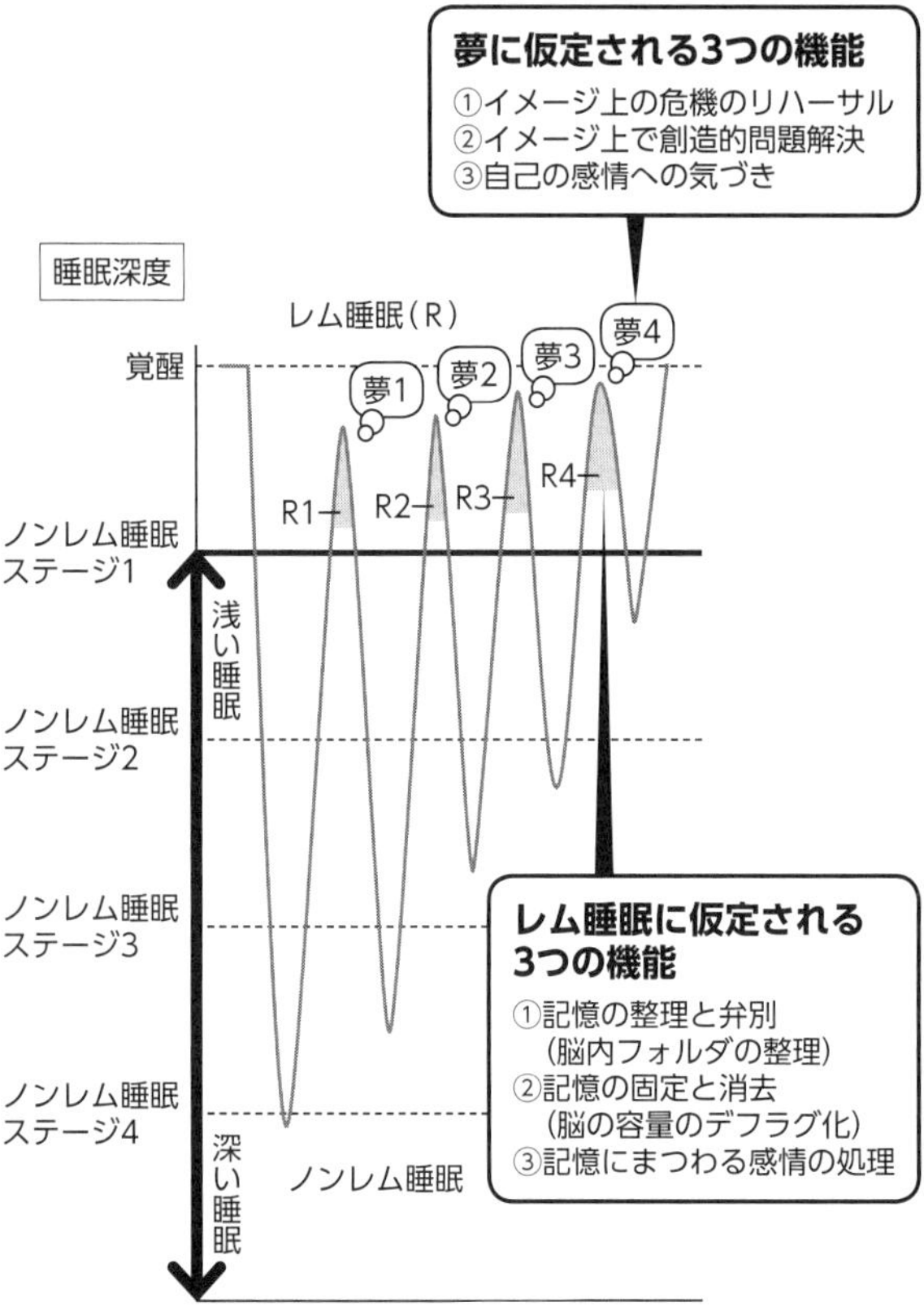

ム現象」（Sleep onset REM Phenomena）が起こります。それは私たちが「金縛り」と思うような、ちょっと怖い体験をもたらすことがわかっています。

それは、体が動かないのに頭の中ではいろいろなイメージが浮かんで、押さえつけられている、息ができない、といったものです。みなさんも経験があるのではないでしょうか。

そのほか「ナルコレプシー」という病気もあります。起きているときに感情的に興奮すると、発作的に「入眠時レム現象」が起きて急に眠りこんでしまうものです。

金縛りのメカニズム

一七八一年にスイス出身の画家ヘンリー・フューズリーが金縛りの様子を「夢魔」という作品に描いています。金縛りは「睡眠麻痺」と呼ばれ、先述のとおり「入眠時レム現象」がもたらす体験であり、生涯経験率は人口の6～8%です。

私は高校時代バレーボール部だったのですが、部活動と受験勉強で忙しかったときにときどき金縛りを経験していました。

それは、ぐるぐる回るように落ちていく感覚で動けず、胸の上に小さい人や動物が乗っていて恐怖感があり、声を出そうとしても出せない――。手足の先を動かせた瞬間に金縛りが解けるというものでした。

若いころに多い体験のようですが、この睡眠麻痺（金縛り）で浮かぶイメージには、宇宙人、エイリアン、UFO、宇宙人などに誘拐されるアブダクションや啓示体験があったという人もいます[9]。日本では幽霊や座敷わらしなどが報告されることも多く、幻視のイメージは文化により異なっています。

睡眠麻痺のときの脱力発作は、目と喉の筋肉を除いた全身を襲うので、身動きできず連れ去られる感覚があるようです。空気が薄くて窒息するといったようなイメージが広がるのでしょう。

一般的に夢の中では、身体感覚と結びついたイメージ（スクリプト）が活性化しやすく、たとえば鼻づまりの人は、睡眠中に呼吸が苦しいために「溺れる夢」や「酸素の薄い高い山を登る夢」をみることがあります。

また、自分以外の他者を夢で感知する体験は、脳の側頭葉を刺激することで生じることが確認されています。この側頭葉は幻視や幻聴など幻覚の生起にかかわっています。分離脳研究で著名な認知神経科学者のマイケル・ガザニガは、宗教的予言の源は「側頭葉てんかん」にあるとし、心臓発作で危篤状態にある臨死体験者の幻覚について紹介しています[14]。

この臨死体験者の幻覚と明晰夢には類似性があり、やはり脳の特殊な状態と夢や幻覚が関係していて、かなりの部分が説明可能な時代になったのだなと感慨深いものです。

そして側頭葉てんかん患者にも、宇宙人に連れ去られたとする体験や、宗教的な出来事や目覚めのハイパーリリジアシティ（過宗教的な特徴）があるようで、睡眠麻痺とも接点があることがさらに興味深いです。

金縛りを解くには、指先や爪先など体の先端などを少し動かしてみます。動いた瞬間レム睡眠が解除され、目が覚めます。そうすることで「レム睡眠→ノンレム睡眠」のサイクルをもとの「ノンレム睡眠→レム睡眠」に戻すのです。この方法のほか、「金縛り＝レム睡眠に入ったということ」と理解して不安を取り除く、呼吸を整えて筋弛緩させせる、そのまま寝入ってしまう、などの対処法があります。

文化によって異なる金縛りの表現

金縛りがなぜ怖いと感じるのかの説明をしましたが、恐怖で体が動かず、強い力で押さえつけられるような圧迫を感じる表現は国によってさまざまです。なかには共通点もありますが、日本の「金縛り」は密教の修行からきているといわれていたりして、文化の影響を感じます。とくに身体を押さえつける力を持った主体として、鬼や悪魔、幽霊と、怖いものがさまざま出現します。次に世界の金縛りの表現をいくつか挙げます[11,15]。

カナダ・ニューファンドランド島の漁村：「ハグド」（鬼婆に襲われた）
カリブ海：「コクマ」（乳児が胸に乗って喉をつかむ）
メキシコ：「スピルセ・エル・ムエルト」（死者が上に乗る）
イギリス：「スタンド・スティル」（眠っている間に魂が体から離れて戻ってこない）

イタリア：「パニダフェッチ」（魔女のような超自然的存在から攻撃される）
トルコ：「カラパサン」（睡眠中にジンという悪魔がきて首を絞める）
中国：「鬼圧床」（幽霊に身体［寝床］を押さえつけられる）
韓国：「ガウィヌリム」（なにか怖いものに押さえられる）
日本：「金縛り」（不動明王が煩悩を封じる密教の修法「金縛法」が由来）

睡眠の個人差をとらえる

夢を生みだすもとになる睡眠にも大きな個人差があります。次の3つが代表的です⑯。

1. 健康的な生活をおくるうえで必要とする睡眠の量（いわゆるショートスリーパーかロングスリーパーか）
2. 睡眠の質（安眠型か不眠型か）
3. 睡眠の位相［時間的調節］（リズム：いわゆる朝型か夜型か）

それぞれについて特徴を確認していきましょう。そしてみなさんも、睡眠について気になることがありましたら、お時間のあるときに自己点検してみてください。

・短時間睡眠型の人（ショートスリーパー）は不安が低く、活動性が高く、外向的、社会適応度が高い傾向にある。

・長時間睡眠型の人（ロングスリーパー）はその逆で、神経質かつ内向的。柔軟な思考性はあるが、社会適応度は低く、不眠型に移行しやすい。

・安眠型は自己主張が強く、攻撃的で社会適応性がある。

・不眠型は神経症傾向、内向性と抑うつが高く、身体的不調の訴えが多い。

・朝型は内向型で、午前中の活動性が高い。

・夜型は外向型で、夕方からの活動性が高い。交代勤務への適応性があるが、睡眠に関する訴えが多い。

このように睡眠の傾向には個人差があるものですが、睡眠の量やリズムは科学的に「これがベスト」という答えがあるわけではなく、一人ひとり最適な形が異なるため、いず

図3　睡眠の個人差を捉える3視点と特徴[16]

カテゴリー		特徴
①量	短時間睡眠型	・普段の睡眠時間は5〜6時間と短いが、日中の精神状態や行動に問題は生じない ・不安が低く、活動性が高く、外向的、総じて社会適応度が高い
	長時間睡眠型	・9〜10時間以上の睡眠時間を確保できないと、日中の眠気や集中力の低下等の問題が生じる ・神経質で、内向的で、柔軟な思考法がある ・抑うつ的、総じて、社会適応性が低いと指摘される ・不眠型になりやすい
②質	安眠型	・自己主張が強く攻撃的で、社会適応性がある
	不眠型	・神経症傾向、内向性、不安・緊張、抑うつが高く、身体的不調の訴えが多い
③位相(時間的調節)	朝型	・覚醒水準が比較的早い位相で高く、午前中の活動性が高い ・内向的パーソナリティとの関連が指摘されている
	夜型	・覚醒水準が比較的遅い位相で高く、夕方から活動性が高くなる ・外向的パーソナリティとの関連が指摘されている ・不眠型になりやすい ・交代勤務への適応性が高い

れも日中の生活や社会的機能に不都合がなければ大丈夫です。年齢によっても、体力や日中の生活のパターンによっても変わってきます。

「日中の生活や社会活動に影響があるかどうか」は、WHOが作った次の不眠検査（アテネ不眠尺度）で、ある程度セルフチェックが可能です。

Q1は入眠困難、Q2は中途覚醒、Q3は早朝覚醒と睡眠の持続に関わる症状についての質問です。Q4とQ5は睡眠の量と質に関わる不満足感で、本人にしかわからないものです。Q6〜Q8は睡眠が十分にとれていないときに起こる日中の症状（悪影響）といってよいでしょう。

睡眠のリズムには遺伝子の影響もありますが、24時間社会における現代の仕事との付き合い方において工夫が必要なことも多いです。就職したばかりの私の友人Bさんが、交代勤務に慣れず「人間は朝起きる生き物だよ」と辛そうに語った言葉を思い出します。状況にかかわらず、睡眠の質を高める工夫は可能ですので、後の章で解説いたします。

図4　アテネ不眠尺度[17]

過去1か月以内に、少なくとも週3回以上経験したものをチェックしてください。

Q1.あなたの寝つき(布団に入ってから眠るまでに必要な時間)はどうですか?(入眠困難)	
(0)寝つきはよい	(2)いつもよりかなり時間がかかった
(1)いつもより少し時間がかかった	(3)いつもより非常に時間がかかったか、全く眠れなかった
Q2.夜間・睡眠中に目が覚め、困ったことはありますか?(中途覚醒)	
(0)問題になるほどではなかった	(2)かなり困っている
(1)少し困ることがあった	(3)深刻な状態か、全く眠れなかった
Q3.起きたい時間より早く目覚め、それ以上眠れなくなることは?(早朝覚醒)	
(0)そのようなことはなかった	(2)かなり早かった
(1)少し早かった	(3)非常に早かったか、全く眠れなかった
Q4.あなたの総睡眠時間は?(睡眠時間の不足感)	
(0)十分である	(2)かなり足りない
(1)少し足りない	(3)全く足りないか、全く眠れなかった
Q5.全体的な睡眠の"質"はどうですか?(睡眠の質の不満足感)	
(0)満足している	(2)かなり不満
(1)少し不満	(3)非常に不満か、全く眠れなかった
Q6.日中の気分はいかがですか?(日中の気分の低下)	
(0)普通	(2)かなりめいった
(1)少しめいった	(3)非常にめいった
Q7.日中の身体的・精神的な活動はどうですか?(日中の活動性の低下)	
(0)普通	(2)かなり低下
(1)少し低下	(3)非常に低下
Q8.日中の眠気はありますか?(日中の眠気)	
(0)全くない	(2)かなりある
(1)少しある	(3)激しい
【計測の仕方】選択した数字を点数として合計します。合計点が1〜3点は症状なし、4〜5点は軽度の症状あり、6点以上は不眠症の可能性が高いです。さらに、10点以上は医療機関への相談が推奨される人です。	合計　　点

「眠育」の必要性

人間性心理学を提唱したアブラハム・マズローは、われわれがなぜ生きるか、どう生きるかの基礎になる欲求を階層構造で示したことで有名です[18]。

ピラミッド構造になっていますが、下層からの欲求が満たされれば、ひとつ上の欲求を満たそうとしてわれわれの行動は動機づけられると考えています。

まずは「生理的欲求」、次の「安全の欲求（身体、経済等）」、「社会的欲求と愛と所属の欲求（家族、友情等親密な関係）」、「承認（尊重）の欲求」、最後に「自己実現の欲求（創造性、自発性）」です。

さらにマズローは後年に「自己超越（あるがままを受容する、他者共感的認知、瞑想的認知）」を付け加えました。どうすればその人が幸せに満たされ、十分に社会で機能する人間になるかを考えていったのです。

もちろん「こうありたい」という欲求は、われわれが毎晩みる夢にも反映されます。

マズローの欲求階層構造の最下層「生理的欲求」に注目すると、具体的には、食欲、

図5　マズローの欲求階層構造 原典【抜粋著者訳】⑱

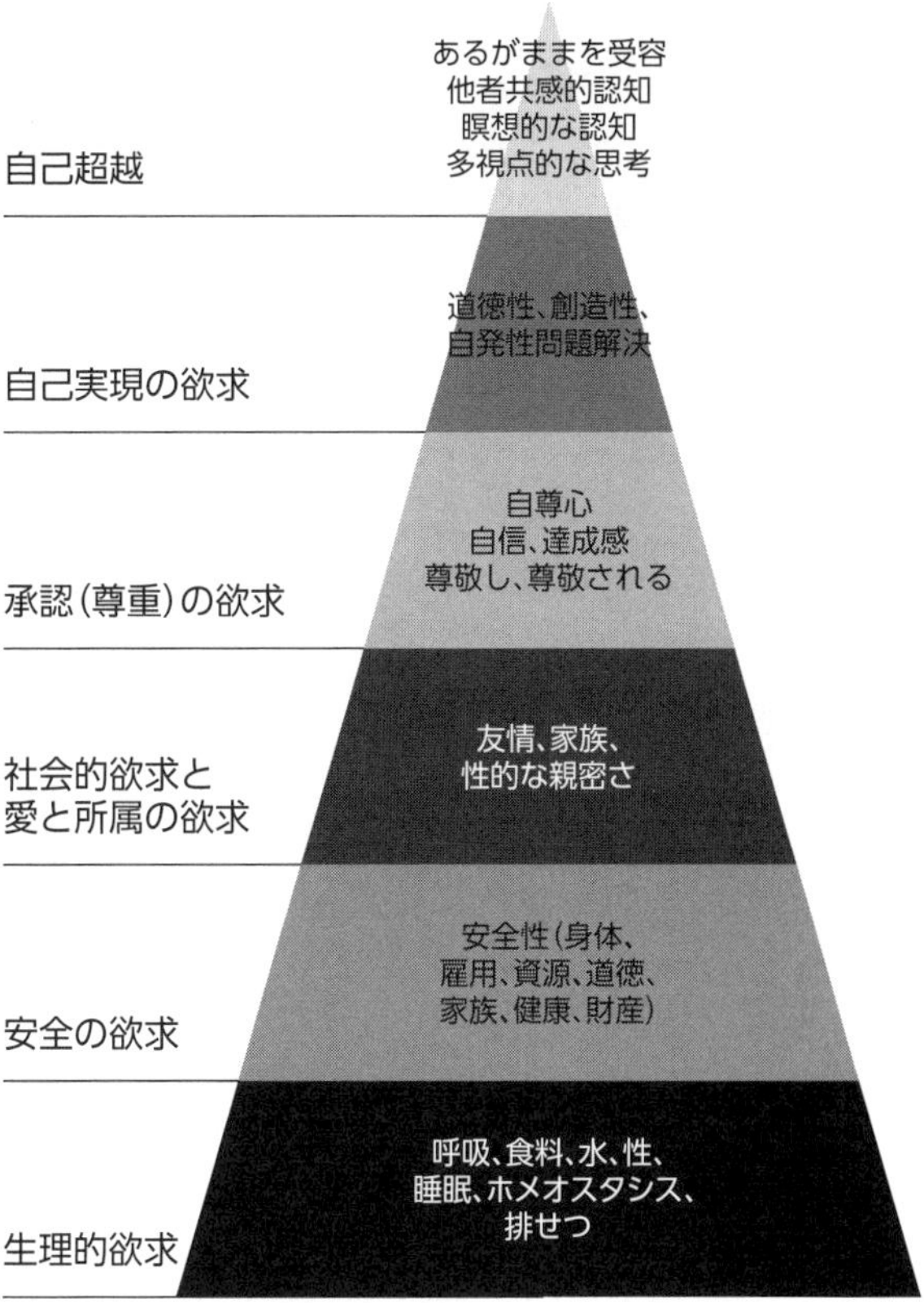

性欲、睡眠欲……とあります。これら、生きていくうえで基本となる知識を子どもに伝える「食育」「性教育」はよく知られますが、「眠育」はあまり知られていないのではないでしょうか。

「眠育」の普及に努める一般社団法人「日本眠育普及協会」は存在しますが、子どものころに受けた健康教育に「睡眠」が入っているかと考えてみると、個人的にはあまり印象がありません。

WHOが「睡眠不足は先進国の流行病」というとおり、この一〇〇年の間に睡眠が短くなっています。もっと睡眠に注意を向けるべきだ、このままでは世界中でよくない睡眠実験をしているようなものだ、と警鐘を鳴らす睡眠医学者もいます。

これらの睡眠問題にも、WHOと協力のもと、子どもに対する睡眠健康教育プログラムを開発して学校改革をすること、睡眠と労働生産性に関する職場改革をすること、保険会社と協力して個人の睡眠と健康に関する意識を改革すること。さらには、患者の痛みにおける緩和などのケアと医療従事者の健康を高める医療機関の改革をすることなど、国家レベルで取り組む課題と提言する睡眠科学者もいます[19]。

ちなみに、睡眠が健康にとって重要であることを調べるときに一番簡単なのは睡眠をはく奪することです。とはいえ自発的に眠らない人を観察することはできますが、倫理的な問題があって実験的な操作でその悪影響を調べることは難しい状況です。既述のとおり、先進国を中心に世界規模の社会実験をしているようなものかもしれません。なお、レム睡眠のみをはく奪すると、不安、抑うつ、幻覚が増加することが報告されています[20]。

夢はなぜみるの?

①夢が形成されるメカニズム

夢の形成過程を説明するモデルには、睡眠医学者アラン・ホブソンとロバート・マッカーリーが提唱した「活性化―合成仮説」が現在でも一番支持されています。

これは「レム睡眠中に脳幹の〝橋(きょう)〟から信号が発生し、感覚や感情、記憶の回路が活性化されることで夢の素材が生じる。それに対して、覚醒時よりもまとめあげる機能が弱くなったレム睡眠中の前頭前野が、不十分ながらも夢の素材をなんとかまとめあげようとしている」と考えるものです。ホブソンは、「夢は睡眠中に自己活性化した脳の働きによるものである」と表現しています[21]。

この仮説によれば、レム睡眠とノンレム睡眠のスイッチの切り替えも脳内の化学伝達物質によってなされており、「アセチルコリン」がレムをオン、ノンレムをオフにし、「セロトニン」と「ノルエピネフリン」がノンレムをオン、レムをオフにします。

人間と動物のレム睡眠に〝橋〟は必須である――ということです。

しかしその後、マーク・ソームズが、「橋を損傷していても夢をみる患者がいることから、夢とレム睡眠は同義ではない」と指摘しています[22]。

②夢をみやすいのはどんなとき?

レム睡眠期とノンレム睡眠期に眠っている人を起こすと、だいたい80：20の夢想起率となるのが平均的です。ようするに、レム睡眠期の8割が夢をみているのです[7]。

また、ノンレム睡眠のときにも夢をみないわけではなく、レム睡眠期のような生々しいドラマのような夢ではありませんが、「頭をよぎるイメージ」や「断片的思考」のような形で夢をみているといえます。

ノンレム睡眠の場合、夢は寝入りばなにみることが多く、そのあと何回かの睡眠のサイクルが訪れるのであまり覚えていないのです。レム睡眠は明け方にかけて、睡眠のサイクルを重ねると長くなるので、起きる直前の夢は長くみて、起きたときに覚えていやすいのです。

よってレム睡眠を長くする作用を持つ薬剤は、長編大作の夢をみやすくさせ、悪夢を増やす副作用も知られています。

また、レム睡眠時の夢には朝の覚醒時に記憶を定着させる効果があります。ですので夢を覚えておきたいときは、「睡眠時間をある程度長くとること」「二度寝をすること（明晰夢を見たいときにも利用されている）」がポイントです。

ちなみにレム睡眠時の夢はストーリー性があって、先述したとおり、ときには2時間ドラマのように感じることがあります。夢をみていると、主観的に感じる時間のほうが実際のレム睡眠の継続時間よりも長いことがわかっています。

③なぜ夢が出てくるのか、夢の役割はあるのか

先述したとおり、進化の過程のなかではノンレム睡眠の出現が先で、レム睡眠は後に分化したと考えられています。ですので、レム睡眠は大脳の発達、進化とともに出現したといっていいでしょう。

よって、大脳における情報処理に夢がかかわっているとする仮説がでてきています。要約すれば「ノンレム睡眠は最近の体験の記憶が短く断片的に再生される。一方でレム睡眠は最近も昔も含めた過去に学んだすべてが再評価される」ということでした。

ここで睡眠中の記憶情報の処理に関する仮説[23]をご紹介しましょう。

・「記憶の不要情報消去仮説」（クリック&ミッチソン）
日中に取り込まれた膨大な情報のうち、不要なものを消去することで、脳のハードディスクをきれいに保ち、日中の動作に不具合が起こらないようにする
・「記憶の再処理（固定）仮説」（ウィンソン）

日中に取り込まれた膨大な情報のうち、必要なものをきちんと整理して保存することで、過去の情報を更新し、将来必要な情報の貯蔵を利用可能にする

一見正反対にも思える仮説ですが、私は同時にこれらの作業が実行されているのではないかと推測しています。いずれも睡眠中という、外部刺激が取り込まれにくい外界とゆるやかに遮断された環境で、「オフラインで情報処理」をしているとする仮説といえるでしょう。

一方で、夢にはどのような役割があるでしょうか。

最近は、レム睡眠の役割と夢の役割を分けて考える方法があり、レム睡眠の役割については39ページで述べたとおりです。

夢の役割については、フランス、リヨン大学のミッシェル・ジュヴェによる「シミュレーション仮説」があります。これは「将来に必要な対処行動を夢の中でシミュレーションしている」というものです。

ジュヴェは、動物実験（猫）を使った人工的レム睡眠行動障害の実験や、発達に課題

がある子どもにはレム睡眠が少ないといった研究から、この仮説を提唱しました。「夢で過去の経験を回想し、反復想起することで、古い情報をシミュレーションし、学習や将来の成長に役立てている」といった考え方は私自身もしっくりきます。

私もさまざまな年代の方の夢に関したカウンセリングの経験から、われわれの脳はわれわれがどう生きるかを示すために、夢で膨大な情報がつまった「私の保管庫」から情報を選択し、意思決定に役立てているような気がするのです。

これと重なるところはありますが、夢に関するさまざまな研究の作業工程と仮説をまとめてみました。全般的には、夢は覚えていても覚えていなくても、学習に役立つということです[12]。

1. レム睡眠中に体が動かないなかで、安全な状況下での危機対応のシミュレーションをする

夢には進化的価値があり、夢のテーマにも危機的状況が多く含まれる。人は集団で生きる動物なので、人との協働と競争のなかで体験することが夢にも出てくる。たとえば、

「間に合わない（信頼をなくす）夢」「恥（人からどう見られるか）の夢」「何度もトライする（成功、達成を求める）夢」「襲う（勝利する）／襲われる夢（負けそうになる）」などは典型的なテーマ。

2. 辛い記憶の緩和

夢にみることで、エクスポージャー法（感情を段階的に曝して対峙することで不安を緩和する行動療法の一種）によりネガティブな感情を和らげる。適正な処理が、よき目覚め、日中の社会適応レベルを高める。

3. 創造的な問題解決

覚醒時には思いつかなかった、情報の緩やかな結合により、新しいものが生まれる。

私自身は、夢は「感情を整え、苦しい体験を克服し、新しく記憶を形成、修正するためのセルフモニタリングのツールではないか」と考えています。

そして、夢はさらに次のような役割を担うと考えます。

・無意識のうちに自分がいま何に注目し、何を気にしているのかがわかる
・自分の心の健康状態をよく反映している
・夢の中で、現実に直面している問題や課題の解決シミュレーションをしたりすることで、ひらめきによるアイデアや作品の創造、発見・発明に結びつく

芸術家や科学者、アスリートの夢について調査する研究は人気です。

ビートルズの名曲『イエスタデイ』は、ポール・マッカートニーが夢のなかで思いついたものです。またスティーブン・キング原作の映画『ＩＴ』のラストも夢のなかで発想されたものだそうです[24]。

夢が基本的に記憶されにくい原因

①睡眠中に脳が活性化されても記憶が十分には形成されないようにできているため

まず、記憶は保持時間の長さに応じて、「感覚記憶」「短期記憶」「長期記憶」の3つに分類できます。

「感覚記憶」は、視覚・聴覚・触覚などの記憶で、一瞬にして忘れ去られるものです。「短期記憶」は一時的に情報を操作、処理するワークスペースのことです。「長期記憶」は永続的な記憶、忘却されない強固な記憶です。これは複数のフォルダに保存されると考えられています。

長期記憶に固定される記憶は、言葉や概念の理解、体験からなる「宣言的記憶」と、言葉で説明することが難しい「非宣言的記憶」に大別されます。

夢に出てくる情報は、基本的には容量が無限大の長期記憶から検索されて引っぱり出された情報を、思考や判断をもとに行動を司る前頭前野でまとめ上げたものです[12]。

夢の記憶を短期記憶から長期記憶に変換するためにはリハーサルが必要です。アラン・

ホブソンは、レム睡眠中には、記憶を固定する物質が少ないためこれらがスムーズにおこなわれにくいと説明しています[21]。

夢からすぐに覚めないと、私たちの脳は夢の内容を「短期記憶」から「長期記憶」へと変換することができません。この変換に一番重要なのが「長期記憶」を形成する神経伝達物質「ノルエピネフリン・ノルアドレナリン（カテコールアミン：アミン作動性ニューロンのカテゴリー）」です。

夢をみている途中に目が覚めたら、その夢を覚えている可能性は高まりますが、一般的には起きているときの経験のように夢を思い出すことは難しいです。

ちなみに宣言的記憶（意味記憶、エピソード記憶）と非宣言的記憶（手続き記憶）は脳の別の部位に保存されることもわかっています。

②夢を覚えていないのはうまく消去されたから——クリックの仮説

DNAのらせん構造の発見者のひとりであるフランシス・クリックが一九八三年にミッチソンとともに提唱した「レム睡眠による記憶処理仮説（不要情報処理仮説、逆学習仮説）」についてはすでに述べましたが、最近、名古屋大学の研究グループが、そのクリックの仮説を支持する発見をしました。

研究によって、マウスの視床下部にある「メラニン凝集ホルモン産生神経」と呼ばれる神経細胞群が、レム睡眠中に記憶を消去していることを明らかにしたのです。

この神経細胞には、「覚醒中のみ」「レム睡眠中のみ」「覚醒中とレム睡眠中の両方」に活動する3種類があることがわかり、レム睡眠中のみに活動する神経群を活性化させると海馬の働きが抑制され、覚醒中に獲得した恐怖記憶が消去されたということです。

記憶能力（シナプス結合の密度など）には限りがあるため、なんらかの方法で記憶の取捨選択（記憶の刈り込みとも呼ぶ）が必要であることは間違いないので、現在では名古屋大学の研究グループをはじめクリックの仮説を支持する研究者は多いです。

睡眠実験でわかる個人差

自宅での睡眠では普段ほとんど夢を覚えていない人でも、睡眠実験でレム睡眠のときにそっと起こすと夢を思い出せます。ただし睡眠実験室は自宅と睡眠環境が異なるため、「第一夜効果」といって普段とは異質な夢をみるので、まずは環境に慣れるため、ひと晩目のデータは除外するのが一般的です。

しかしどこでも寝ることができる場に慣れやすい人だと、ひと晩目のデータでは覚えていたのに、すぐに慣れて二晩目（実験本番）のときに夢を思い出せない人もいました。どこでも眠れる人のなかには、音がけっこううるさいＭＲＩ装置を利用し、ヒトおよび動物の脳や脊髄の活動に関連した血流動態反応を視覚化し、機能を推測する方法のひとつである「ｆ-ＭＲＩ」のなかで眠れる人もいるのです。

このようにして睡眠実験をおこなうと睡眠の個人差の大きさがはっきりとわかります。

「覚えておこう！」と意識するだけで覚えていられる人もいる

私の読書会仲間のＣさんは、１年に１回夢を覚えているかどうかという人です。そのＣさんが、私が読書会で夢について話した晩に次のような夢をみたと話してくれました。

「実はその晩？　翌日？　いくつか夢をみました。覚えているひとつは、地下鉄で宇宙人に遭遇する夢、もうひとつは、夢の中で〝この夢はセピア色かカラーか〟を考えながら、小さいエイリアンの標本のような表を注視すると、そのエイリアンがオレンジ色だったという奇妙奇天烈な夢でした。知的刺激を受け、どこかで夢のスイッチがオンになったようです。この夢体験から、次の読書会は僭越（せんえつ）ながら『人はなぜ宇宙人に誘拐されるのか？』を担当します」

このように夢に着目すると、そのとき話したテーマ「夢はカラーか白黒か」や、読書会の書籍に関連するテーマの「宇宙人」が引き金となったことがみてとれます。

最初に引き出された情報である「宇宙人」が、連想ゲームのように次の「オレンジ色のエイリアン」を引き出していきます。日中に得た情報をしっかり整理しよう、次の読書会までに準備しよう――という真面目なお人柄を感じます。また目覚めたあとに、その夢をどうとらえるかにも、その人らしさがあらわれています。

人の夢と自分の夢を比べられる時代になってきた

「ドリームバンク」や、「ドリームデータベース」が公開され始めています。

たとえば「Sleep and Dream Database[25]」では、データセットを指定し、特定のテーマの夢に関する簡単な分析結果の出力や、夢の記述の参照をすることができます。

この分野では先駆け的な「Bank Dream Bank NET」（ドイツを含む西欧圏1万2000件のデータ）では、われわれの夢にもよく出てくる「蛇」は出現率0・5％、「蜘蛛」は0・3％など、文化圏による比較ができます。

ネットでの夢の収集も盛んです。ハーバード大学の心理学者、ディアドラ・バレットによる、新型コロナウイルスに関するパンデミック・ドリームをみた場合に投稿するサイト「i dream of covid[26]」もあります。

ただウェブ調査ではインパクトの強い夢が上位にあがりやすいため、覚えている日もそうでない日も継続的に記録をおこなう「夢日記」のほうがより実態に近い夢がでてくると指摘されています[27]。

世界的に情報を共有する時代には、メディアとの関係で、夢が変わっていくかもしれません。文化差もだんだんなくなり、夢のテーマが均一化することもあるかと思いますが、時代を超えて変わらぬテーマもあるかもしれないなどと、遠い未来の人類がみる夢を夢想しています。

バーチャルリアリティで悪夢治療

臨床心理学者のパトリック・マクナマラは、悪夢に対しＶＲ（バーチャルリアリティ）を利用した治療法を実践しています。

悪夢に対する非薬理学的治療法で有効性が検証されている認知行動療法のうち、不安を喚起する出来事や夢を段階的に曝し、それと対峙することで不安を緩和する方法である「イメージエクスポージャー法」や、繰り返す悪夢をイメージの中で自分が望むように筋書きを変え、リハーサルする技法である「イメージリハーサルセラピー」をＶＲ上で実践しています。これは恐怖症の治療の延長線上にある療法だと考えられます。

テクノロジーの進化で夢がスキャンできるようになる？

「ブレインデコーディング」[28]といって、f‐MRIで脳画像から夢を可視化する試みもおこなわれています。

これにより、夢をスキャンして特定の素材を読み取ることができるかもしれず、近い将来、自分が思い出せない夢まで知ることができる可能性もあります。

もちろん、それらの夢にはポジティブな感情をともなうものもネガティブな感情をともなうものもあります。もしもそういう時代がきて自分の夢を映像化できたら、私は研究者として、どう悪夢治療に役立てるかを考えるでしょう。

治療によって夢の変化は明確に測定できるので、心理療法の効果（アウトカム）の厳密な測定ができます。明晰夢などイメージを使った心理療法の効用も判明します。

ただ、夢の一部を忘れ去っているからこそのメリットもありますし、夢はかなりの個人情報でもありますので、倫理的な問題を考えていく必要があるでしょう。

第2章　「夢」からわかること

夢にはどんな種類があるのか

夢は睡眠時の精神活動のレベルを反映しており、階層性（不鮮明／鮮明）があります。もっとも鮮明な夢見（夢をみること）は悪夢と明晰夢です。レム睡眠中の夢見は感覚的で感情的、ストーリー性と奇怪さがあり、いわゆる夢らしいものです。そのほか、イメージ、思考、身体感覚がぼんやりと記憶に残るレベルの認知的活動などはノンレム睡眠中の夢に近いかもしれません。

「よくみる夢」には共通性がある

典型的な夢のテーマ、悪夢のテーマには、ディテール（細部）こそ時代や文化によって異なるものの、共通性があるようです。

夢のテーマとして文化を超えて多く報告されるのは「飛ぶ夢」です[27]。印象に残りやすいこともありますが、夢らしい夢といってよいのではないでしょうか。

その飛び方は、現実の心理状態で変わってくるかのようにバリエーションが多いです。調子がいいときは宇宙から地球を見下ろして気持ちよく飛ぶ夢になりますし、余裕のないときには泳ぐように手足をバタバタさせ、手足の動きを止めると地面につきそうになるといった夢になります。

「落下する夢」も多いのですが、飛んだあとに落ちる場合もあります。夢の中での飛び方は、今の生活をどれだけうまくやれているかという自己評価が関係しているようにみえます。

そのほかの夢見で多いテーマとしては、「追いかけられる」「間に合わない」「同じことに何度も挑戦する」などがあります。

「追いかけられる夢」はポピュラーですが、何に追いかけられるのかは個人差がたいへん大きいです。

小学生くらいですと、「鬼」「化け物」、思春期以降は「悪者」「敵」、メディアの影響では（ホラー作品『リング』に登場する）「貞子」や「ゴジラ」などの架空の人物や生き物、「動物」、さらには「上司」や「教師」など具体的な人物となる場合もあります。

「間に合わない夢」と同様、その影響として考えられるのは、何かの決断に迫られているなど、ストレスへの対処が差し迫っている状態が多い気がします。

また、「明日、入試なのに勉強が終わっていない」「答案用紙に何も書けない」など、試験に関する夢は年配者にも多いものです。

実生活でも時間に追われている、準備が十分でないと感じているときにみる人が多く、自分の仕事ぶりを他者がどのように評価するかを懸念していることに関わっていると思われます。

「試験ができない」「バスに乗り遅れて遅刻した」などは、失敗を暗示する夢のようですが、実は真面目できちんと準備しようと苦心するタイプの人がよくみるため、むしろ、実生活では失敗する確率が低い方が多くみる夢なのではないかと考えています。

私は大学教員になってから「試験の夢」はみなくなりました。おそらくルーティンの仕事のひとつとして試験を実施する立場になったからだと思われます。最近、大学入学共通テストで9科目受験する夢をみて、久々だなと驚いたくらいです。

第1章でも触れましたが、こういった夢の役割として「シミュレーション仮説」があ

図6　ドイツ人と日本人大学生の夢と悪夢の比較[29][30]

ドイツ人の悪夢の頻出テーマ(n=1213)

失敗か無力感	18.17％
身体的攻撃	17.85％
事件	15.21％
追われる	13.98％
健康問題と死	11.60％
対人葛藤	9.62％
心配／悩み	6.83％
災害／災難	4.52％
邪悪な存在	4.36％
昆虫と害虫	1.97％
環境の異常性	1.40％
その他	6.25％

日本人大学生の悪夢の報告(n=128)

追いかけられる	14.06%
自分の落ち度	10.16%
自分の命の危機	7.81%
他人の命の危機	6.25%
苦手なもの	6.25%
災害	4.69%
縁が切れる	4.69%
落ちる	3.91%
自分が危害を加える	2.34%

岡田・松田(2018)より作成[29]

Schredl＆Goriz(2018)より作成[30]

ります。ゲームの夢、手術の夢、試験の夢など、詳細はバラバラでも時代ごとに大きなテーマの共通性があり、これらの課題を乗り切ることには進化的な価値があります。ヒトは集団で生きる動物ですので、適応性を高めるために、夢で危機対応のシミュレーションをしているとも考えられています。

世代別にみやすい夢の特徴――「最近みた夢」「おもな悪夢」の調査

二〇一五年より継続的に実施している質問紙調査で、小学生（児童）から90代までのさまざまな年齢層の方1万人以上に夢の内容をうかがい、データを蓄積してきました。研究の目的に従い、いろいろな調査項目を組み合わせてご協力をお願いしてきましたが、どの調査でも必ず訊く2項目、「最近みた夢」と「今までみた夢の中で一番怖かった夢（おもな悪夢）」の自由記述をもとに、各年代で典型的な夢と悪夢をご紹介します。

これまでの人生と夢の歴史を振り返り、ご自身の夢と照らし合わせてみてください。

①児童＝非現実的なファンタジーの夢や悪夢をみる世代

〈児童が「最近みた夢」の特徴（図7）〉

楽しい夢が多い印象を受けます。

ほかの年代（大人）より、「冒険する」など空想的な夢、遊びに関する夢が多いようです。可愛いですね。みなさんは小学生のとき、どんな夢をみていたでしょうか。

現実的な夢は「学校関係」や「公園」「家族旅行」などの生活空間を示しており、「遊び」や「習い事」「スポーツ関係」など、実際に日常生活で時間をかけて取り組んでいるテーマが目立ちます。

そのほか、視聴しているテレビ番組や、ゲームなどの影響もあります。

大人が子どもの夢に耳を傾けると、その子がいま何に関心を持っているかを容易に知ることができるでしょう。

なりたい職業など将来に関する夢はまさに子どもらしい夢であり、明るい未来の〝夢〟を示しているといえるでしょう。

子どもの夢はその上の年代より、記述内容が複雑でなくシンプルで、とくに10代後半、20代や大学生に比べると記述量はやや少なめです。

〈児童の「悪夢」の特徴（図8）〉

小学生は「鬼」や「ゾンビ」などが登場する怖い夢の割合が高いです[31]。「青鬼（ホラーゲームのキャラ）」という記述もあり、このゲームが小学校で流行している（いた）のかもしれません。

ほかの年代と同じく「殺される夢」「追いかけられる夢」も多いです。ただし、追いかけてくる者は「ピエロ」「おばけ」「影」「不審者」「でかいトゲ」「ガイコツ」「怪獣」「誰か」など、多岐にわたるのが特徴です。

そして、ほかの年代より「食べられる夢」が多いようでした。絵本やゲームなどで鬼や怪物が人を食べたりしているからでしょうか。なにか得体のしれないものに飲み込まれてしまうイメージなどもあるのかもしれません。

記述自体の特徴として、児童の夢は自分が主人公になっているものが多いことが挙げられます。

また、「最近みた夢」と同じく、ほかの年代より記述内容が複雑でなくシンプルです。恐怖度が高い夢の報告が多いのも子どもの悪夢の特徴でしょう。

子どもは一般的には大人よりストレスに対する手立てに乏しいため、日常生活の中の些細なストレスにも苦悩し大きく反応することで、悪夢になりやすいと考えます。

朝目覚めたときに子どもに「どんな夢をみたの？」と尋ね、その子がどんなことを怖がっているのかを保護者として知っておくと、ストレスを緩和するような声かけや、ストレスを取り除くような環境調整ができるため、重要だと考えます[32]。

また先に紹介した、繰り返す悪夢の治療法として、みた夢の筋書きを自分が望むように変え、プラスのイメージを作り出す「イメージリハーサルセラピー」を、子どもの悪夢にも適用する精神科医の先生もいらっしゃいます[33]。

夜間睡眠の途中で飛び起きてしまうような悪夢をみた場合には、悪夢の内容を聞き、夢の続きのポジティブな展開をイメージしたり、夢の結末についてポジティブに書き換

図7　小学生の最近みた夢[31]

●遊ぶ夢、おでかけ、スポーツの夢
・バッティングセンターで1球目はストライクだけど、2球目は、デッドボールを投げてくる夢。(小学4年生、10歳、男児) ・サッカーをやる夢。(小学4年生、10歳、男児) ・ユニコーンと遊ぶ夢。(小学5年生、11歳、男児) ・私は最近ディズニーランドに行った夢を見ました。すごく楽しく感じました。(小学5年生、10歳、女児) ・公園で友達と遊んだ夢。(小学5年生、10歳、女児) ・家族で旅行に行って桜をたくさん見た夢。(小学5年生、10歳、女児) ・野球で、サヨナラホームランを打った夢。(小学5年生、10歳、男児) ・水泳大会の200mメドレーを2分00で泳いだ夢。(小学6年生、11歳、女児) ・釣りをして、たくさん魚が釣れて楽しかった夢。(小学6年生、11歳、男児)
●空想的、現実では起こらないファンタジーな夢
・『コードブルー』に出演して、ドクターヘリに乗って翔北のICUに入院した夢。(小学4年生、9歳、女児) ・ロータリーパレスくらいの高さから落ちて空を飛んだ夢が最近見た夢です。(小学4年生、10歳、女児) ・スパイダーマンになって爆弾をビルにつけて電車でディズニーランドに行く夢。(小学4年生、9歳、男児) ・恐竜と一緒に走ったり世界を一周した夢。(小学5年生、10歳、女児) ・海を泳いで深いとこへ潜っていく夢。(小学6年生、11歳、男児) ・電線で綱渡りをする。(小学6年生、12歳、男児) ・自分がゲームの世界に入った。(小学4年生、10歳、男児) ・マインクラフトをプレイしたり、中に自分が入ったりする夢。(小学4年生、10歳、男児) ・空をとんだ夢。(小学4年生、10歳、女児) ・別の世界でドラゴンに追いかけられる(卵を盗んだから)。(小学4年生、10歳、女児)
●学校、習い事の夢
・学校にいる夢。(小学4年生、10歳、女児) ・ピアノとかボーイスカウトの習い事の夢。(小学4年生、10歳、女児) ・空手の試合で、現実では出場していない大会に出場していた夢。(小学4年生、9歳、男児) ・学校でみんなで遊んだ夢。(小学5年生、10歳、女児) ・塾のテストで100点をとった。(小学6年生、12歳、男児) ・小学校に行く夢(1人で歩いていて、もうすぐ校門という夢)。(小学6年生、12歳、男児)
●将来の出来事の夢
・未来の自分がアジア大会で金メダルなどを取った夢。(小学4年生、10歳、男児) ・中学校でサッカー部を作った夢。(小学5年生、10歳、男児) ・プロ野球に入った夢。(小学6年生、12歳、男児) ・家を建てた夢。(小学6年生、12歳、女児)
●食べ物を食べる夢
・おいしいもの食べてる夢。(小学5年生、11歳、男児) ・でかいショートケーキを食べた夢。(小学5年生、10歳、男児) ・肉料理を食べている夢。(小学6年生、11歳、男児)

図8 小学生のおもな悪夢[31]

●鬼やゾンビの夢
・家に鬼が入ってきて鬼から逃げた夢。(小学4年生、10歳、女児) ・青鬼に追いかけられて、友達が食われた夢。(小学4年生、9歳、男児) ・ゾンビが追いかけてきて、ドアの鍵が閉まらなくて襲われた夢。(小学4年生、10歳、男児) ・青鬼に追いかけられた夢を見て起きたら幽霊がいて襲われてそれも夢だった夢。(小学4年生、10歳、男児) ・巨大なゾンビに途中でつかまった夢。(小学4年生、10歳、男児) ・ゾンビがたくさん出てくる夢。(小学4年生、10歳、男児) ・知ってる道にいてゾンビ達に挟み撃ちになって追いかけられる夢。(小学6年生、12歳、男児)
●命や体にかかわる恐怖体験の夢
・デスゲームで殺されかけた夢。(小学4年生、9歳、女児) ・家の中にいたら「ピンポーン。」と鳴ったので扉を開けてみたらナイフで体を刺された夢。(小学4年生、10歳、女児) ・泥棒に追いかけられて、誘拐された夢。(小学4年生、9歳、女児) ・誰かに刃物で刺された夢。(小学5年生、11歳、男児) ・みんなでキャンプに行った帰り、事故にあった。(小学6年生、11歳、男児) ・全ての人間が自分のことを殺しにかかってくる。(小学5年生、11歳、男児)
●追いかけられる夢
・誰かに追いかけられる夢。(小学4年生、10歳、女児) ・誰かに追いかけられて途中で走れなくなる夢。(小学5年生、10歳、女児) ・白いおばけみたいなものに追いかけられる夢。(小学5年生、10歳、女児) ・でかいトゲに追いかけられる夢。(小学5年生、11歳、男児) ・人はいないのに影に追いかけられた夢。(小学6年生、11歳、女児) ・刃物を持った血まみれの殺人鬼に追いかけられた夢。(小学6年生、12歳、男児) ・迷路に迷って、どんどん殺人ピエロが追いかけてくる。(小学6年生、11歳、男児) ・不審者に追いかけられる夢。(小学5年生、11歳、男児) ・ガイコツに追いかけられた夢。パパに助けてもらったけど、自分の腰のところにガイコツがついていた。(小学3年生、9歳、男児) ・(熱が出た時)大きなドクロの玉が坂から転がり落ちてきて、自分のことを追いかけてくる夢。(小学4年生、10歳、男児) ・かいじゅう、ドラゴン、かいぶつに追いかけられる夢。(小学3年生、9歳、男児)
●食べられる夢
・巨人に食われる夢。(小学4年生、9歳、男児) ・人に食べられる夢です。(小学4年生、9歳、男児) ・学校に行ったら全員青鬼になっていて食べられた夢。(小学4年生、9歳、男児) ・恐竜が来て、みんな逃げて、みんな食われて、最後の最後で自分も食われた夢。(小学5年生、10歳、女児) ・弟がワニに食べられる夢。(小学5年生、10歳、男児) ・レモンが人になって家族をレモンに閉じ込めて人に売りつけて食べられる夢。(小学6年生、11歳、男児) ・サメに食われそうになる夢。(小学4年生、10歳、男児)

えたりするものです。

たとえば、怖いものと「戦って勝つ」、その時に「誰かに助けてもらう」、最終的に怖いものと「仲良くなる」などの筋書き変更が代表例ですが、これには、いやな結末のまま終わらせないことで、次第に悪夢をみなくなる効果があります。

②10代、20代＝進路、学校、友人、恋人との関係不安による夢をみる世代〈10代、20代の「最近みた夢」の特徴（図9）〉

児童に比べて現実生活の活動範囲も広がるため、「学校」や「部活動」、「アルバイトの夢」、「友人の夢」、「趣味（スポーツ、ゲーム、アニメ等）の夢」など、現実と関連した夢が多いです。

そのほか、思春期に特徴的な憧れの人、つまり「好きな俳優」や「アイドル」、「アーティスト」、「お笑い芸人」など有名人の夢が目立ちます。

この時期は自分がどう生きたいかという「理想自己」を模索する頃でもあります。

課外活動も夢にあらわれやすく、高校生は「部活」「友人」の登場が多く、一方で大学生は「サークル」や「アルバイト先の人間関係」が登場します。

自分にとって居心地の良い人間関係や、コミュニケーションスキルの向上を模索するテーマも、青年中後期の発達上にみる夢の特徴です。

悪夢の項目には「課題」や「テスト」として出現するのですが、「最近みた夢」には勉学に関する夢は少ないです。試験期間や資格試験の前にはそれなりに増えますが、自由に外国語を話せるなどの夢も散見されます。

またアルバイトに関する夢が、若年社会人では仕事となり、仕事先の人間関係が登場します。

〈10代、20代の「悪夢」の特徴（図10）〉

悪夢のテーマとしては一般的ですが、「殺される夢」や「追いかけられる夢」が多いです。

自分以外の家族が主人公で死ぬ夢も目立ちます。自身の日常生活における「自立」のテーマとも関連しているのかもしれません。

図9　10代、20代の最近みた夢

●学校やアルバイト、日常生活や趣味の夢
・バイト先でバイトしている夢。(20歳、男子大学生) ・サークルの友達のバイト先に行き、一緒にバイトしてまかないを食べた夢。(19歳、女子大学生) ・好きな洋服の店に行く夢。(20歳、女子大学生) ・自分がDJとなり、人生を楽しんでいた夢。(18歳、男子大学生) ・今プレイしているゲームの続き。(21歳、女子大学生) ・好きなアニメのキャラクターとお祭りに行った夢。(19歳、女子大学生) ・寝る前に見たアニメに自分がいて、ストーリーが進んでいった夢。(16歳、女子高校生) ・野球の試合をした夢。(16歳、男子高校生) ・部活の大会で優勝した夢。(17歳、男子高校生) ・現実にありそうな内容(仕事や友人と会っている等)。(27歳、女性、社会人)
●家族の夢
・もちを平らにして体に巻く伝統行事の参加した夢。おばあちゃんもいた。(20歳、女子大学生) ・自分の子どもと遊んでいる夢。(28歳、男性、社会人)
●友人・知人の夢
・高校生に戻り、友人達とともに遊んでいる夢。(18歳、男子大学生) ・高校時代の友人と出かける夢。(18歳、女子大学生) ・高校の時話しかけたくても話しかけられないまま卒業してしまった女の子がでてきたことは覚えているけど、詳しい内容は忘れてしまった。(18歳、男子大学生) ・好きな女の子とデート。(19歳、男子大学生) ・サークルに行く途中に、友達にコンビニに寄ろうと話している話。(18歳、女子大学生) ・小中高大の仲の良かった友人がぐちゃぐちゃに混ざりみんなで会っていた夢。(18歳、女子大学生) ・同級生に相談をして、解決しようとしてくれてた夢。(17歳、女子高校生) ・友達と早く起きて、友達6人だけしかいないディズニーを楽しんだ夢。(17歳、女子高校生) ・親しい友人と一緒に外食をしている夢。(17歳、男子高校生) ・職場の人と話す夢。(26歳、女性、社会人) ・昔の友達と遊ぶ夢。(24歳、男性、社会人)
●有名人が出てくる夢
・一人旅をしていて好きな俳優が出てきた夢。(20歳、女子大学生) ・好きなアーティストと親しい間柄の設定で、地元の人も巻き込んで遊んでいた夢。(18歳、女子大学生) ・俳優Dが彼氏でちゅーされる夢。(19歳、女子大学生) ・好きなアイドルグループのメンバーの人と付き合いたてほやほやでお互いに照れる夢(笑)。(18歳、女子大学生) ・好きなバンドのメンバーと旅をしていた夢。好きなメンバーと結構話せた。(19歳、男子大学生) ・泳げないのにアイドルEとプールで泳がされた夢。(17歳、女子高校生) ・アイドルグループFとディズニーに行った夢。(16歳、女子高校生) ・お笑い芸人と旅をする夢。(24歳、女性、社会人)

図10　10代、20代のおもな悪夢

●命や体にかかわる悪夢、恐怖体験の悪夢
・課題をクリアしなければ殺されてしまうゲームに参加させられていた夢。(18歳、男子大学生) ・脳に癌が出来ていて、余命3週間であると医者に宣告され、死までの日々を過ごしている夢。(19歳、男子大学生) ・家の玄関で犬と遊んでいたら知らない人が入って来て腕を包丁で切られた夢。(18歳、女子大学生) ・中等部の音楽室前の暗い廊下で足に力が入らなくなって立てなくなる夢。立っても転んでしまう。(19歳、女子大学生) ・鎧を着て刃物を持ったゾンビが、私を殺そうとして追いかけてきた夢。(19歳、女子大学生) ・風邪(インフルエンザ)で高熱を出した時にいつも見る夢。デパートの中で誰かに追いかけられ、逃げているが、最後に屋上から落ちてしまうという夢。(19歳、女子大学生) ・どこまで行っても永遠に赤い郵便ポストのようなものが追いかけてくる夢。(18歳、女子大学生) ・真っ暗な家から女の幽霊が這うように出てくる夢。(18歳、女子大学生) ・何かに追いかけられて頭が泥になってなくなった夢。(16歳、女子高校生) ・家の周りでチーターに襲われて内臓を抉り出されて死んだ。(15歳、男子高校生) ・銀行へ盗みに入り、赤外線センサーにかかり、警官に追いかけられ、右足を撃たれ気を失い、気が付くと病院の手術台の上にいて関節を一つ一つ外され、その後砂を口から大量に入れられる夢。(17歳、男子高校生) ・誘拐犯に追われる夢。(16歳、女子高校生) ・マンションから飛び降りる夢。(17歳、男子高校生) ・大量の大きな虫に追いかけられて食べられそうになる夢。(17歳、女子高校生) ・追いかけられて、逃げても逃げても側に来る夢。(25歳、女性、社会人) ・人(大切な知人)を思いがけず殺してしまう夢。(29歳、女性、社会人) ・誰かに追いかけられているが、足が思うように動かない夢。(29歳、女性、社会人)
●家族の命にかかわる悪夢
・母親がお化けのような恐ろしいものに殺され血だらけになっている夢。(18歳、男子大学生) ・真夜中に家族・親戚でホラーゲームさながらの体験をした夢。(20歳、女子大学生) ・飼い犬と遊んでいる最中、犬の首がもげる。夢の中の自分は首を付け直すために馬鹿な事を色々試す。(19歳、女子大学生) ・母親が無残に死んでしまう夢。(21歳、男子大学生) ・私以外の家族全員のお葬式で1人ぼっちだった夢。(16歳、女子高校生) ・弟が病気で死ぬ直前の夢(実際には健全)。(28歳、男性、社会人)
●失敗する悪夢
・演奏会で運営と演奏でとんでもないミスをしてしまって、コンサートを台無しにしてしまった夢。(19歳、女子大学生) ・練習したことのない踊りを観客の前でぶっつけ本番でやった夢。(18歳、女子大学生) ・数学のテストを勉強せずに迎えてしまった夢。(19歳、男子大学生)

「失敗する夢」を挙げる人も多くなります。アイデンティティを確立するまでは、人と比べての恥意識も高くなるからでしょうか。

児童に比べて、夢の中での殺され方や情景描写が複雑になっている印象も受けます。そしてこの時期は、記述量が多い人が目立ちます。児童とは明らかに異なる特徴です。またＳＮＳのトラブルなども出現するようになります。

全般的に多いのが「性的な夢」ですが、これは若い世代に多く、年齢とともに減る傾向があります。中年期以降では、むしろたまに性的な夢をみるからこそ驚きを感じ、印象に残るのかもしれません。青年期ではごく健康的で一般的な夢なのです[34]。

③30代、40代＝現実のストレスから、悪夢をみやすい世代
（自分のことのみならず、仕事や家族の心配をする）
〈30代、40代の「最近みた夢」の特徴（図11）〉

「仕事の夢」「家族や友人の夢」「趣味の夢」が多い印象です。
「Ｔｈｅ仕事、ときどき趣味」といった感じでしょうか。

とくに趣味は、若い世代に比べると、ゲーム・アニメ・スポーツなどより、リアルな旅行やドライブの夢が目立つ印象をうけますが、今の10代、20代が30代、40代以上になったらあげられる項目も変わるかもしれません。今の30代、40代は漫画やアニメのキャラクターが登場するような空想的な夢より、現実的な夢のほうが多い印象です。

この調査はコロナ禍で中断していますので詳細はわかりませんが、社会状況の変化によりライフスタイルも大きく変わったことが、今後の夢の調査からもわかるかもしれません。

〈30代、40代の「悪夢」の特徴（図12）〉

この世代も10代、20代に続き、「殺される夢」「追いかけられる夢」が多いです。

ところが夢の記述を見ると、どれも苦しそうです。人生の半ばに向けて「ふんばりどころ」といった感じでしょうか？

「Ｔｈｅ仕事」は悪夢にもあらわれています。

「大事な場面で遅刻」や「忘れ物」「準備不足」など、仕事上の失敗の悪夢も目立ちます。

図11　30代、40代の最近みた夢

●仕事の夢
・仕事上のトラブルで周囲から叱責された夢。(45歳、男性) ・夢の中でも仕事をしていた夢。(46歳、男性) ・前の職場の友人と一緒に働き始めることになる夢。(34歳、女性) ・うろ覚えですが、仕事に関する夢だったと思います。 前日に、初めて携わる仕事を経験したためかと思います。(33歳、女性) ・仕事をやってもやっても終わらない夢。(34歳、女性) ・仕事をしていた夢。通勤～仕事内容の全てがリアルすぎて、 目が覚めた時に自分が寝ていることに驚く。(33歳、女性)
●家族の夢
・息子がスマホをしていて学校に行かず、私が激怒している夢。(46歳、女性) ・家族で食事(外のガーデン)を囲み、最近の木々の成長について話し合っていた夢。 (36歳、女性) ・妻と仲良くしている夢。(48歳、男性)
●友人・知人の夢
・同僚とBBQをする夢。(32歳、女性) ・転校した教え子に会う夢。(31歳、男性) ・みんなでお酒を飲む夢(すごく楽しそう)。(45歳、女性) ・恩師の夢。(40歳、女性) ・大嫌いな先輩が家を建てて、それを見に行った夢。(47歳、女性)
●子どもの頃の楽しい夢
・高校のクラブ活動の夢。(48歳、男性) ・小学生の夏休みでたぶん6年生の自分の夢(会話無し)。(42歳、女性)
●旅行や外出の夢
・自転車に乗って走っている夢。(36歳、女性) ・知らないところに旅に出ていた夢。(36歳、男性) ・海外旅行をしている夢。タイ、台湾が島から見えてお得だと思った。(30歳、男性) ・今日、海沿いをドライブしていた。でも危険地帯だったので怖かった夢。 (31歳、女性) ・自動車を運転している夢。(44歳、男性)
●その他の夢
・足がつる夢。実際に足がつっていた。(40歳、女性) ・昔飼っていた犬の夢。(47歳、女性) ・愛犬の夢。たくさんの犬に紛れてしまい、見当たらなくなる夢。(32歳、女性) ・芸能人と付き合っている夢。(31歳、女性)

図12　30代、40代のおもな悪夢

●命や体にかかわる悪夢
・ピストルで撃たれる夢。(38歳、女性) ・銃を持った人が家の近くにいた夢。(34歳、男性) ・首を絞められる夢。(30歳、女性) ・歯が全部抜かれる夢。(38歳、男性) ・歯がボロボロになるか、体からガラス片が出てくる。(45歳、男性) ・崖から落ちる夢。(33歳、男性) ・飛行機で墜落する夢。(32歳、男性) ・黒い穴に落ちていく夢。(43歳、女性) ・巨大なローラーで押しつぶされる夢。(41歳、男性) ・家族が殺されそうになる夢。(49歳、女性) ・大切な人の死の夢。(32歳、女性) ・家が燃やされている夢。(40歳、男性) ・火事の夢。(47歳、男性)
●仕事に関する悪夢
・準備が間に合わず、始まったのにできていなかったものがあったと気が付いて焦った夢。(40歳、女性) ・仕事に追われる夢。いつまでたっても終わらない。(46歳、男性) ・仕事に関するミスなどの夢。(43歳、男性) ・大事な式で忘れ物や遅刻する夢。(42歳、男性)
●罪を犯す悪夢
・何の罪かは知らないが刑務所に入ることになる夢(ああもう終わりだ…)。(46歳、女性) ・人を斬ってしまった夢。しかたなく。(42歳、男性)
●追いかけられる悪夢
・ゾンビに追いかけられる夢。(34歳、男性) ・ゴジラに遠くから徐々に追いかれる夢。(44歳、女性) ・包丁を持った人に追いかけられる夢。(45歳、男性) ・犬面人に追いかけ回された夢。(36歳、男性) ・銃を持って追いかけられる夢。(44歳、男性) ・“何か”に追いかけられているのに、地面から足が離れないような感覚で、うまく走ることができない夢を定期的に見ます。(33歳、女性)
●動物の悪夢
・ヘビがうじゃうじゃいる穴へ落ちた夢。(41歳、男性) ・トラに近所で襲われる。(31歳、男性) ・父がワニに襲われる夢。(45歳、女性)

仕事上のストレスも多い年代、さらに睡眠時間も短い年代ですので、ごく自然なことであるといえます。

日本人の40代、50代の男女、とくに女性の平均睡眠時間は、世界的に見てかなり短いという調査結果もあります㉟。

一番怖かった悪夢に、「自分が罪を犯してしまう夢」を挙げる人もいました。これらは日頃の責任感によるものでしょうか。社会人として、親として、社会的規範の遵守、恥意識に関わっているのではないかと推測しています。また、多重役割にともなうストレスも影響していると思われます。

そして「歯が抜かれる」などは体調不安に関わっていそうです。

10代、20代に減った「動物」の悪夢は、なぜが児童期同様にふたたび増えます。

ここで、仕事特有のストレスが反映された夢として、システムエンジニアGさんの夢を紹介しましょう。

・プログラムを何万行書いても書いても終わらない夢

・デバッグ作業を1行ずつ点検し修正をし続けるが終わらない夢

やはり仕事上の苦しさが伝わってきます。本や雑誌などの編集者であれば、事実誤認や誤植がないか点検を何度もしてもミスが見つかる悪夢になるかもしれません。

④50代、60代＝比較的楽しい夢を多くみるｖｓ体調不安の夢をみる〈50代、60代の「最近みた夢」の特徴（図13）〉

30代、40代と同じく、漫画やアニメのキャラクターが登場するような空想的な夢よりも現実的な夢のほうが多い印象です。

やはり「仕事の夢」「家族や友人、知人の夢」「ドライブや旅行の夢」が多いです。子どもが大きくなり、「子どもの成長を喜ぶような夢」も出てきます。同様に、「仕事上での後輩や部下について心配し支援する夢」も出現します。

この年代は、人生の折り返し地点を過ぎているため、精神分析学者のエリク・エリクソンが説く「次世代育成性」が夢のテーマになっていることが多いようです。自分自身のことよりも、家族や身近な周囲の人に関する夢が増えてきます。

私には変な趣味があって、みなさんが生きるうえでの願いがあらわれた七夕の短冊や神社の絵馬を観察することがあるのですが、若者は自分の達成したい目標を書くのに対し、中高年は人の幸せを願う記述が多い印象を受けます。30代、40代だったときの息苦しさは少し緩和され、人生の余裕がでてきた印象もあります。夢の記述内容と短冊や絵馬に書かれる内容との重なりを感じます。

ほかの年代と同様、恋愛の夢をみる人もいますが、想像上で楽しむといった感じでしょうか。中高年世代は人生の終盤に近づき、さまざまな見直しが起きてくる時期でもあります。そこで、「このパートナーでよかったのか」「このままの人生でいいのか」などの見直しとともに、自分の履歴をたどるような形で、過去の出来事や人が夢に出てくる人もいます。

また、「亡くなった人が夢では生きている」夢は文化の違いを超えて比較的多いのですが、亡くなった家族と夢で会えたことがポジティブな感情を生んでいる印象も受けます。

〈50代、60代の「悪夢」の特徴（図14）〉

ほかの年代と同様、「殺される夢」「追いかけられる夢」もありますが、災害や事故の夢がとくに目立ちます。

時事的なものの影響の可能性もありますが、なぜ若者の夢に出ず、この年代で出るのかについては今後慎重に調査・検討する必要があると考えています。

50代、60代は社会全体の公益性などを考え、責任を感じる世代ですから、災害や事故は、自分の力ではコントロールできない災厄であるという思いが、またそのような大きい出来事のメタファーとして夢に現れているのかもしれません。

30代、40代と同じく「仕事の失敗」の夢も多く、「動物」の悪夢もふたたび登場してきます。逆にいえば、10代、20代で「動物」の夢が少なかったというべきかもしれません。

またこれは30代以降にもいえることですが、「最近の夢」では現実的に起こらないファンタジーな夢は少ないですが、「悪夢」だと「ゴジラ」や「ゾンビ」などが登場します。

図13　50代、60代の最近みた夢

●仕事の夢
・在職中の仕事で期限に追われている夢。(66歳、男性)
・働いていた時の夢。(64歳、女性)
・明け方に仕事の夢。現実と同じメンバーで仕事をしていた。(63歳、女性)
・職場で仕事をしている夢。(58歳、男性)
・仕事がうまくいってHappyな気分になった時目が覚めた夢。(50歳、男性)
●家族の夢
・亡くなった父の夢。懐かしかった。(69歳、女性)
・子どもたちと遊んでいる夢。(60歳、女性)
・自動車免許をとったばかりの息子が運転する自動車に同乗している夢。(54歳、女性)
・子どもの出産の夢(孫が生まれて嬉しい)。(65歳、女性)
・子どもの結婚の夢。(66歳、女性)
●友人・知人の夢
・同級生の夢。(69歳、男性)
・昔の友達と楽しい山登りをしている夢。(66歳、男性)
・文章にするほど詳しく覚えていない夢。昔の仕事仲間との飲み会の場であった。(66歳、男性)
・昔の職場の人にバッタリ会った夢。(59歳、女性)
・高校時代の友人、クラブの友人が次々に出てきて、同窓会をしようという話になった夢。(57歳、男性)
・振り向いたら懐かしい“友”がいた夢。笑顔で。(63歳、女性)
●その他の楽しい夢
・海外旅行をした夢。(68歳、男性)
・旅行の夢。(69歳、男性)
・亡き母と旅行に行った夢。(52歳、男性)
・ドライブに出かけた夢。(53歳、男性)
・小さい頃行った海で潮干狩りの夢。(59歳、女性)
・ぼんやり日常的な身近な人物とのやりとりの夢。(60歳、女性)
・何かを見たと思うがよく思い出せない夢。空を飛んでいた様でした。(57歳、男性)
・いたずらをしてエヘヘと笑った夢(寝言で笑ってたらしい)。(60歳、女性)
・なにかおかしい(面白い)ことがあって笑い声で目覚めた夢。内容は忘れた(その時は覚えていて、なぜおかしかったか朝に夫に説明した)。(57歳、女性)
・若い女性とのSEXの夢。(67歳、男性)
・裸でレストランで食事をしている夢。(50歳、男性)
・新しい恋をした夢。(50歳、女性)

図14　50代、60代のおもな悪夢

●命にかかわる悪夢
・地震で建物の下敷きになる夢。(67歳、男性) ・津波に襲われる夢。(51歳、女性) ・崖から突き落とされたところで目が覚めた夢。(64歳、女性) ・高い所から落ちた夢。(69歳、男性) ・飛行機が落ちる夢(子どもの頃、熱を出した時に見る夢でした)。(50歳、女性) ・交通事故の夢。(66歳、男性) ・犯罪事件に巻き込まれた夢。(69歳、男性) ・登山道でよく知っている場所なのに迷った夢。夕方で暗くなって足元が見えなくなる怖さ。(63歳、男性) ・ある街、多分昔住んでいた街の中を歩いていて、どちらに行っても出られなくなってどこにいるのかだんだんわからなくなっていった夢。(57歳、男性)
●追いかけられる悪夢
・ゾンビに追いかけられる夢。(68歳、男性) ・ゴジラに追いかけられる夢。(58歳、男性) ・誰かに追いかけられて一生懸命自転車で逃げる夢。小学校低学年の頃。(67歳、女性) ・子どもの頃、黒くしか見えない(わからない)人物のような影に追いかけられる夢。(59歳、女性) ・追いかけられ逃げているが、逃げても逃げても追いかけられ目が覚める夢。(64歳、女性) ・とても怖い人に殺されそうになり、ずっと追いかけられて、何故か蓋の開いた棺桶に自分が乗って、空を飛んで逃げる夢。何度も捕まりそうになる。(51歳、女性)
●仕事・勉強の悪夢
・仕事の難題集中で頭を抱えている夢。(66歳、男性) ・明日試験なのにまだ全然教科書も読んでない。どうしよう、という夢。(68歳、女性) ・仕事。PCのデータがなくなる夢。(64歳、女性) ・仕事で失敗した夢。(58歳、男性)
●動物の悪夢
・ヘビににらまれた夢。(66歳、男性) ・ヘビに追いかけられた夢。(67歳、男性) ・大きいヘビが出た夢。(60歳、女性) ・ヘビに追いかけられる夢。(69歳、女性) ・犬に噛まれそうになった夢。(52歳、女性) ・猫に襲われて首を噛まれた夢。(51歳、女性)

そして加齢とともに、子どものころの自分が主人公として夢に登場しはじめるのはとても興味深いです。古い記憶が夢に出現するということは、人生の振り返りをしはじめる頃なのだということかもしれません。

⑤70代以上＝若いころを振り返る夢を多くみる世代〈70代以上の人の「最近みた夢」の特徴（図15）〉

30代以降と同様に、「旅行」など趣味の夢が多く、50代、60代と同様に「家族や友人、知人の夢」をみることが増え、生きている人、昔の同級生などずっと会っていない人、親など亡くなった人が多く登場します。

リタイア後の生活や、年齢を重ねていくことで増える死別・離別が夢に現れているようです。

また退職していても、「現役時代の仕事に関係する夢」、たとえば同僚との会話、部下に指示する、会議など）や「学生時代の夢」も出現します。これらも自分の過去の振り返りかもしれません。

全体的には比較的楽しい夢やノスタルジックな夢が多い印象を受けます。

この年代特有の、戦争の影響や集団就職、学園紛争といった出来事の影響が、夢に反映されているところもあると思います。

そしてやはり30代以降と同様に、漫画やアニメのキャラクターが登場するような空想的な夢より現実的な夢のほうが多い印象です[36]。

〈70代以上の人の「悪夢」の特徴（図16）〉

ほかの年代同様、「殺される夢」「追いかけられる夢」は多いです。

自分の健康不安に関する夢、家族が亡くなる夢、死別の夢も目立ちます。

50代、60代と同じく、「動物」の悪夢や、「現役時代や学生時代の夢」も多くみるようです。10代、20代に比べて記述量が少ない傾向がありますが、児童と比較すると内容が現実的です。そして、50代、60代に比べて「自然災害」や「事故・事件の被害」の出現は減少します。この理由はまだよく理解できていませんが、死生観などについても詳しくお聞きしないとわからないのではないか――との印象を抱いています。

図15　70代以上の最近みた夢

●旅行や趣味の夢
・海外旅行。東北旅行。父親（戦後シベリア抑留中死亡）の夢。（76歳、男性） ・温泉（お風呂）から海辺の岩の上へ泳ぐ夢。（72歳、女性） ・同窓会での旅行した時の夢。（77歳、男性） ・魚釣りに行った夢。（74歳、男性） ・日本舞踊の発表会に出演した際、舞台が成功し 気分ルンルン晴れやかな素敵な夢をみた。（79歳、女性） ・ゴルフのプレイ。どうやっても打つ場所が無い夢。（78歳、男性） ・主人と行った旅行の夢。楽しい。（79歳、女性）
●家族の夢
・亡き両親の夢。（82歳、女性） ・家族同士で一緒の作業に協力して進める夢。（88歳、男性） ・母の夢。話をしている所。旅行中のトイレで行列が長くて困っている夢。 目が覚めるとトイレに行きたくなっている。（71歳、女性） ・一昨年亡くなった義兄に会った夢。（85歳、男性） ・孫の運動会。いい俳句が出来た夢。畑仕事。（82歳、女性） ・両親が他界して10年。母親が初めて夢に出た。風呂上がり横になっていた。 （77歳、男性） ・今はない、生まれた家の景色を見た夢。（80歳、男性） ・突然亡くなった主人の夢を見た（時々見る）。とても懐かしく思う。 （78歳、女性）
●知人・友人の夢
・仕事をしていた時の友人が突然訪ねてきた夢。（79歳、女性） ・友達の夢を見る。同級生の夢を見る。（90歳、男性） ・昔の恋人、現役の頃の仕事の夢。（83歳、男性） ・最近亡くなった友人が出てきた夢。（75歳、男性） ・かなり前なので内容は忘れたが、先生の夢を見てたと思う。 夢ではあったものの久し振りに会えた思いで嬉しかった。 追悼文を書いた結果なのかなと思っています。（75歳、男性）
●現役時代、学生時代の夢
・現役時代の仕事関係。（81歳、男性） ・会社時代、上司との会話が活発なシーンの夢。（81歳、男性） ・サラリーマン時代のこと（仕事のこと）の夢。（86歳、男性） ・1日経つと夢の中身は覚えていないが学生時代の夢が多いかな。（77歳、男性） ・会社勤務時代の業績会議の夢。（79歳、男性） ・会社の同僚と仕事場。退職して会社へは行ったことがないのに夢をみた。 （81歳、男性） ・学生時代の友人の夢を見た。（79歳、女性） ・以前いた会社での仕事をしている夢。部下に指示し相談している夢。（74歳、男性） ・元働いていた会社の旅行で皆とはずれ、 自分はトイレを探している困った夢でした。（78歳、男性） ・学生時代の友人と話しているのに、その中に主人がいた夢。（75歳、女性）

図16　70代以上のおもな悪夢

●命や体にかかわる悪夢
・今からだいぶ前の夢ですが首を絞められた夢です。 相手の顔はわからないです。(75歳、女性) ・追い詰められ崖から飛び降りた事。(77歳、男性) ・追いかけられる夢。高い所から落ちる。(78歳、女性) ・交通事故に遭った夢。(85歳、男性) ・自転車通学中、道路横断中、トラックに轢かれそうになった時の夢。(75歳、女性) ・急に自分の体が動かなかった夢。転んだとき。(80歳、男性) ・追い詰められて刃物で刺され死んでいく夢。(80歳、男性) ・暴力団に追いかけられた夢(中学時代)。(81歳、男性) ・歯が全部抜け落ちる夢。(71歳、女性) ・不治の病の夢。(71歳、男性) ・何等かの理由で井戸に放り込まれた夢＆暗闇の世界の夢。(73歳、男性)
●家族の命にかかわる悪夢
・子どもが死んだ夢。(74歳、女性) ・悪者に家族が捕まり、自分も必死に逃げる夢。(81歳、女性) ・娘が死んでいった夢。(85歳、女性)
●仕事に関する悪夢
・現役時代の仕事が円滑かつ正確に進まず努力しても改善されない夢。 (79歳、男性) ・仕事の目標達成不可の夢。(78歳、男性) ・現職中に仕事でミスし、みんなに大迷惑をかけた夢。(81歳、男性) ・就職試験で試験会場がわからない等でなかなか試験が受けられない夢。 (73歳、男性)
●動物の悪夢
・ヘビに出会った夢。恐ろしかった。(74歳、女性) ・子どもの頃、ハエに追いかけられ声が出たように感じ目覚める夢。(81歳、男性) ・水におぼれ、ヘビが追いかけてきた夢。声を出しても声は出ず(助けを求めて)、 逃げても逃げても追いかけてきた夢でした。(79歳、女性) ・熊に出遭った夢。(75歳、男性) ・ライオンに追われ崖から飛び降りた夢。(71歳、男性)
●その他の悪夢
・歩いても前に進まなかった夢。(70歳、女性) ・目的地に中々到着できない夢。(79歳、男性) ・娘が米国から一時帰国していたとき、死ぬ前のあいさつ回りをしていると感じた夢。(74歳男性) ・トイレが近くなると夢を見る。昔の職場で仕事に追われて困っている夢。 目が覚めてほっとする。(81歳、女性)

「みた夢の種類」でわかること

みる夢の内容には、パーソナリティ（性格の個人差）や、いまの感情、気にしていることが関わってきます。夢の想起（思い出すこと）は、一生涯を通して男性より女性が多く、青年期をピークとして、年齢とともに減少してきますが、老年期などは個人差が大きく、とても鮮明な夢を想起する人とそうでない人に分かれます。

ひと晩にみた夢を私に3〜6個ずつ教えてくださったインフォーマント（資料提供者）は、80代の男性Hさんです。Hさんはお若いころから夢が鮮明で、明晰夢体験もあり、夢の記録をつけていた時期もおありだったそうなので、習慣化されているのかもしれません。

またパーソナリティでは、「アーティスティックでクリエイティブな開放性の高い性格の人」「曖昧さに対する耐性が高い人」が、豊かな夢を想起します。

みた夢の内容によって、その人の記憶の構造がわかる、すなわちその人の歴史がなんとなくわかるときが、夢の調査をしていて一番おもしろいと感じる瞬間です。対面でお会いしたことのない方でも、その方の人生に一瞬ふれられるような気持ちになります。

気にしていることが夢に出る

夢の中では「起きている間にうまく整理できなかった情報や感情」を整理し、カテゴリー分けしているのですが、このとき古い記憶の中から同じカテゴリーに類する情報がたまたま引き出され、「なぜこんな人が（物が）？」と思う人や物が夢に出てくることがあります。

意外な人が夢に出てくると、「深層心理では自分はその人が好きなのかと思った」といったような話も聞きますが、実際のところは、単純に処理したい情報と「名前の音韻が似ている」「同じ世代や年代」などの理由で、たまたま夢に出てきたにすぎない可能性があります。

または「謝りたかった」「認めてほしいのに認めてもらえない」など同じ感情のカテゴリーに入っていたことで、まったく予期しない人が出てきたとも考えられます。

「夢に出てきた人を好きになってしまった」というのは、夢を誤って解釈した結果といえるでしょうか。夢にみた情報をその人がどうとらえるかには個性があり、夢と現実を考えるうえでおもしろいところです。

夢の内容をどう解釈するか

夢の内容に記憶が取り込まれる場合にはタイムラグがあり[37]、体験当日や翌日に夢に出てくるだけではなく、6、7日目に遅れて出てくることもあります。基本的にはそのときに体験したイベント、記憶（入力された刺激）、懸案の事項や未解決の課題が夢にでてくることが多いです。

考えまいと意識することで逆に夢に出てくるリバウンド効果も指摘されています。みた夢を「予兆的な夢」ととらえることは、不安をかきたてます。悪い夢を予兆ととらえてネガティブな自己成就をおこさないようにするのがポイントです。

ここで、80代女性Ｉさんがみた夢を分析してみましょう。

70代の妹が「コロナになって辛い、辛い」と言っていた夢をみました。起きたあと、何かあったのかと心配になって、自分の50代の娘から妹に連絡をとってもらったところ、「自分（妹自身）は元気だが、実は、娘一家の３人がコロナにかかって自宅療養している。かといって、自分が高齢のため看病にもいけず大変だった」そうです。

夢を引き起こした直近の出来事の背景として「お互い高齢で、しばらく連絡がないことを気にしている」「連日のコロナ感染爆発のニュースによる不安」があると考えます。

この年代の夢の特徴として、「健康不安」や「死別」がありましたね。このようにコロナ禍で不安が高まっているときの夢は、何かの予兆かお告げだろうかととらえる人もいます。

この方は自分のみた夢を、「自分のもとに妹が生霊になって出てきたのか」と考えていました。実際には違った、いや、違うかどうかは検証しようがないのですが、妹の心配が自分にも伝わったと考えているかもしれません。

25年ぶりにみた印象的な夢

個人的には、数年に一度か10年に一度くらいの周期で、宇宙や天体の夢など、とても鮮明で素敵な夢をみるのでそれを楽しみにしています[7]。

宇宙旅行をしたいというタイプでもないし、なぜ宇宙や天体なのかはよくわかりませんが、いつもそこに変わらずあるものなので、なんとなく励まされるような気がしています。「自分の人生を自然な成り行きにゆだねる」といった私自身の考えが強く現れているのかもしれません。

最初にみたのは、私が24〜25歳くらいのときで、「太陽と月」を両脇に抱えてにっこり笑っている夢でした。当時、研究と臨床活動の両立に悩んでいたので、のちに「太陽と月」はそれぞれ「研究と臨床」を反映したものだととらえ、十分ではないが両方を大事にする生き方を選びました。
その後、銀河が光り輝く夢を2回みたあと、最初の「太陽と月の夢」から25年経ってふたたび太陽と月が出てくる次のような印象的な夢をみました。

カンファレンス（学術大会）のお世話で大型の旅館に到着する。「2種類から部屋を選べる」とおかみさんが言うので、入口から遠いほうの部屋を選ぶ。おかみさんが不愛想で、苦笑しながら遠い部屋まで案内された。
どんどん歩いていく。宿の近くに海があり、海岸線まで月と星を見に行く。大きな太陽と月が見えて、「ああ太陽と月は双子なんだね ー」と両手を伸ばし、太陽と月に右手と左手でそれぞれ触る。大きな葛餅か水まんじゅうに包まれてひんやりとして、プニョプニョしている。

ヒンヤリとした真ん丸の葛餅の中に「太陽」と「月」がそれぞれ金細工のように入っていた不思議な感じに本当に驚きました。でも何か未知の世界に足を踏み込むような感動を得ました。

それにしても、四半世紀経って「太陽と月の夢ふたたび」です。中年期に入り、青年期にめざしたもの、「研究と臨床」と認識した「太陽と月」を、どのように社会に還元していくか。葛餅や水まんじゅうなど、みんなが食べやすい形にして提供することについて考える時期にきたと自分では考えています。

また「両腕に抱える」必死さから、「地上に立って両手で触る」余裕もでてきたのかなと感じます。

先述のとおり発達心理学では、青年期は広がる可能性の中で進路を選択して自分の人生を形成しはじめること、つまりアイデンティティの確立が課題です。中高年世代は人生の折り返し地点となり、選択しなかった（捨てた）可能性などを考えて悩むわけです。

このように中高年期は自分の人生のさまざまな見直しをはじめていきます。そこで〝この生活のままでいいか〟などの見直しとともに、自分の履歴をたどるような形で、過去の出来事が夢にでてくることもあるのでしょう。

こんな夢は「いい夢」

夢でみた景色にうっとりしたり、楽しみにしていたものに出会えたり、触れ合えて感動したり、現実にはありえないことを体験できた――などはぜひみたい夢です。

一般的に「いい夢」は、楽しい、うれしい、安堵した……等々、感情に着目するといいでしょう。

みた夢とパーソナリティの関係（外向性や協調性の高さ）については述べましたが、普段の生活の中でせめて時間に余裕のある朝などに、よい夢をみて目覚めたらすぐに起きあがらず、もう一度まどろんでその夢の世界に心地よく浸ってみてください。

こうしてよい夢を味わうことは心と体を癒す眠りのセルフケアになるはずです。

夢を覚えていないときこそ、いい夢をみているかも

そもそも、まったり幸せといった「いい夢」は記憶に残りにくく、焦ったり、怖かっ

たりした夢など、感情が明確な夢のほうが記憶に残りやすいし、思い出しやすいのです。

むしろ起きたときに夢を覚えていないほうが、幸せな夢をみているのかもしれません。思い出すだけの強度がない夢ということは、ある意味、睡眠中に適正に情報処理が完了した証といってよいと思います。

夢をあまり覚えていないときは、差し迫った決断を要求されるような悩みごともなく、物事がうまくこなせている状況にあるのではないかと思います。

鮮明すぎる夢について

みている最中、夢か現実なのかがわからなくなるのが「鮮明すぎる夢」です。

鮮明性が高い夢には悪夢と明晰夢がありますが、明晰夢は夢だと自覚していますので、悪夢のほうが典型的には多いと考えます。

明晰夢の中で何度か夢と覚醒を繰り返すと、夢に似た映像が意識に入り込んで現実と空想の境目があいまいになることがあるようです。

悪夢の典型例として「ナルコレプシーの患者の夢」について取り上げましょう。ナルコレプシーの患者の悪夢は、あまりにも夢が鮮明で、夢と現実の混同が起こります。これは恐怖です。ナルコレプシー患者はレム睡眠から覚醒へとスイッチオンするための「オレキシン」が不足しているため、夢と現実の切り替えがきちんとおこなわれないことがわかっています。

そのほか、認知症のひとつに、幻覚をともなう「レビー小体型認知症」があります。『誤作動する脳』（医学書院）[38]によると、当事者の方は、起きたらまず夢か現実かの確認をするそうです。

そして、何度もみた悪夢として次の夢が紹介されています。

私は一人で外国の狭い路地を走って逃げています。壁に囲まれた迷路のような道。通行人の姿はありません。私を殺そうと追ってくる人物は、すぐそこまで迫っています。ついに行き止まりになり、逃げようとしても恐怖で体が動かず、叫ぼうとしても喉がつまって声が出ません。叫ぼうと、何度も力を振り絞っているとき、鉈のようなものが私の頭に振り下ろされます。すると、自分の叫び声で自分も夫も眠りから覚めるのです。

さらに、同病の友人がこの方に語った悪夢へのコメントとして次の内容が紹介されています。

現実と区別のつかないリアルすぎる夢を毎晩ずっと見ているから、眠った気がしない。二四時間起きて活動しているみたいで、疲れが取れない。

ＰＴＳＤの悪夢とフラッシュバックの症状以外に、レビー小体型認知症では幻視があるのと同じような現象が起こります。

認知症全体の約６割を占める「アルツハイマー型認知症」は、情動をともなう記憶の関わる部位である大脳辺縁系の海馬の萎縮、損傷があり、エピソード記憶を思い出せなくなります。つまり夢をあまり想起できなくなるのです。

ところが、レビー小体型認知症の方の夢はむしろ鮮明です。

さらにこの方は明晰夢の報告もされています。

〈明晰夢：聴覚、運動感覚の夢〉

布団に入って、まだ起きているのに夢が始まる。眠っていないのになぜ夢が始まるんだ？　と思いながら、周囲の音をすべて知覚しつつ、夢をみている。部屋が歪んで見える、廊下が波打って見える。立ち上がろうとするが倒れてしまい、這い上がろうとするが倒れる夢。夢にストーリーはない。

これは脳がつくりだした「現実」であって、この筆者は夢をみたあとに夢か現実か、あるいは現実の幻覚かをいつも確認しているところが、リアリティチェックとなることから、明晰夢をみやすいのではないかと考えます。ちなみに抗認知症薬（ドネペジル）は悪夢を増やすことがわかっており、レビー小体型認知症患者の頻回悪夢（たびたび悪夢をみること）には、治療薬の副作用が関わっている可能性もあると考えます。

第3章　「夢」はこんなにおもしろい！

これまで聞いたなかでおもしろかった夢

夢というのは個人差が大きい睡眠中の心理現象なので、どの方の夢を聞いてもおもしろいです。そのなかでも印象に残った個性的な夢をご紹介しましょう。

ひとつ目は、直観像のあるいわゆる鉄オタ（鉄道オタク）の青年の夢です。

ここまで詳細なのか！　と思うほど色彩や音が鮮明で、実際（現実）と夢に登場した電車の違いを明確に認識できています。

〈鉄道オタクJさんの夢（東急線）[39]〉

東急9000系と8000系副都心線対応車両が地下鉄副都心線を走った夢――。

東急9000系は方向LED編成と方向幕が2つあり、車内は変わってない状態で、インバータも変わってない。LED案内も変わってないし走行音も変わってない。

保安装置は東武ATSと西武ATS／SとATC―Pと新CS―ATCとATO。

行先は和光市行きと元町・中華街行きのほか、方向幕編成では桜木町行きが残っていた。基本は西武線が飯能行きと小手指行きと清瀬行きと保谷行きと石神井公園行き。そして東武線は川越市行きと志木行き。方向幕に入っていた種別は黒各停と青各停と急行と特急。通勤特急は10両のみである。

東急8000系は前の赤線と歌舞伎色と伊豆急色のみで一部は白色LEDに変えた編成もある。前の赤線のみは一部白色LEDに変えた。LED案内とドアチャイムを入れるようになった。新しい運転台で他社のATSとATOとCS―ATCが入っている。

東急9000系が副都心線の線路を走る夢をみたこと。東急9000系は改造せずに大井町線に転属した。さよなら東横線9000系のヘッドマークがあった。僕も9000系が方向幕からLEDに変わって改造した夢をみた。東急9000系走行区間の和光市―元町・中華街。形は似ているがVVVFインバータの音が違うし、中間車両のドアの形が違う。

ふたつ目は未知のウイルスによるパンデミックの初期に、家族想いの中高年女性Kさんがみた夢です。

世界中の家族の悲しい死別の報道に心を痛め、自身の家族に迷惑をかけないようにしたいという思いと、感染不安がもっとも高まった時期にみた新型コロナウイルスの夢です。妹さんは婦人科系のガン闘病中、姪っ子さんは出産後の乳児子育て中だったということでした。

〈Kさんのパンデミック初期のコロナウイルス・パンデミックドリーム[40]〉

（主人が買った）引っ越したばかりの古い一軒家の真っ暗な狭い寝室（布団の中）で、娘、妹、姪、自分の４人がくっ付き合って寝ている。

狭くて息苦しいので他に部屋はないかと見渡すと、隣の部屋に続く引き戸があった。他にも部屋があったと少しほっとして、他の部屋で寝たほうがいいかも知れないと思って起き上がった。

戸を引いて隣の部屋に入ると昭和風の居間とキッチンがあって、水道からは水がしとしと落ちており、中は薄暗くて肌に張り付くような湿気の感覚とカビ臭さがあった。そして、その前には大きなテーブルが置いてあり、その上には10本くらいの古いバイオリンが立ててあって、そのバイオリンの前に小さな人形が1体ずつ置いてあった。テーブルの側を通ると聞き取れない程の小さく囁くような声が聞こえてきた。近づいて行ってその声を一生懸命に聞こうとしたが、複数の声でよく聞こえない。

仕方なく先程寝ていた部屋に戻って引き戸を開けると、姪、娘、妹が布団の上に座っており、私の方を見て驚き、「こっちの部屋に来ないで！」といった嫌な顔をしていた。

3人の顔の表情はそれぞれ違っており、娘は少し見た後で俯（うつむ）いて悲しい顔、妹は怒ったような顔、姪は私を見るなり驚き顔色も変わって怖れている顔をして、お腹のあたりに持っている何かを布団に包み庇（かば）っていた。その瞬間、自分が感染したと思って飛び起きた。


3つ目は、高校生Lさんの受験ストレスが現れた悪夢です。

大ヒットした漫画・アニメ『鬼滅の刃』に登場する最強の鬼・鬼舞辻無惨（きぶつじむざん）が登場し、鬼の首を斬るのではなく、逆に首を斬られてしまい、血を飲まされるという情報の取り込まれ方がおもしろかったです。ご本人は怖かったでしょうし、気の毒ですが。

ひと晩に続きもので三部作となっているところがとても印象に残りました。

〈女子高生Lさんがみた夢『鬼滅の刃』三部作[41]〉

『鬼滅の刃』の鬼に攻撃されて、友人とふたりでM大学へ向かいたいが行けない。逃げても逃げても出口が見つからない。そこで、うなされて覚醒。

その続きの夢。鬼舞辻無惨みたいな人が「ミルクティ以外のお飲み物はいかがですか」とパティシエの恰好で聞いてきた。その途端に首をつかまれ、切られた。血をグラスにためて、それが〝お飲み物〟とわかった。そこで覚醒。

同じように、鬼に攻撃され続けて逃げ回るが、これは明晰夢だとわかった。夢だとわかっても金縛り状態。「目を開けよう！」と強く身体を動かしたら覚醒。母の部屋へ逃げたが、夢の続きのような感覚。母親に「夢だよ」と言われ、現実だと気づいた。

「夢占い」って当たるの？

古代ギリシャではすでに、夢に「アスクレピオス」という神様がでてきて病気が治癒するアドバイスをくれていたようですので、夢占いの歴史は長いですね。

奈良の法隆寺にも「夢殿（ゆめどの）」があり、福井県の若狭姫（わかさひめ）神社には、夢を司る神様をまつる「夢彦神社」「夢姫神社」があるそうです。後者は将来叶えたい「夢」のほうでしょうか。

80代の女性Iさんが夢を「予兆」と認識したように（P101）、夢占いが当たったか外れたかと判断する場合、「外れた」と解釈したものは記憶から忘れ去られ、「当たった」と判断したものだけが鮮明に記憶に残ります。

つまり夢占いは当たるものではなく、「当たった」と思い込むメカニズム、最近一般的に使われるようになった「認知バイアス」による効果を応用したものです[42]。

夢のように一般的にメカニズムが不明なものには神秘性がつきまとうので、占いサイトで調べてしまいたくなる気持ちは理解できます。

ただ、その受け取り方は気になります。楽しんですぐに忘れるならOK、ポジティブに受け取り、その日一日の行動が積極的になるならOKです。これを心理学では、「自己成就的予言の効果」といいます。

その反対にネガティブに受け取り、日常の行動が消極的になる場合はまずいですね。悪夢の苦痛度尺度にも「夢を嫌なことが起こる予兆と認識する」項目があり、そうとらえるほど苦痛度が上がるのです。

繰り返しになりますが、夢は現在の自分の心理を反映しているもので、将来起こる出来事とは関係がありません。夢の内容に左右されるのではなく、むしろ夢をどう把握して、どう行動するかが重要だと考えます。悪夢は何かの警告ではなく、自分がいま何を気にしているのかを知るよい手がかりなのです。

睡眠を含めて夢もいろいろなことが科学的にわかってきているので、主観的な夢の体験であっても客観的な側面から理解したほうがよいのではないかと思います。

その考え方が、私が生理的指標を用いて、睡眠実験でレム（急速眼球運動）を数えようと思った発想につながったのかもしれません。この実験をしていた時期は自分の進路に自信がなく、忙しさからのストレスも多く、睡眠不足がたたり実験協力者より先に寝そうになったこともありました。

いま思えば、青年期人生最大の心の危機だったかもしれません。レベルはまったく違いますが、アゼリンスキーがレム睡眠の発見にいたったとき、博士後期課程の大学院生が経験しがちな危機的状況にいたことと似ていると気づいてその同期性に驚きました。

夢を占いサイトで検索した大学生のケース

占いサイトを使って、実際に「夢占い」を試してくださった大学生Nさん（早稲田大学マスコミ研究会）の報告です[43]。

〈みた夢〉

私は、「Hey! Say! JUMP」のライブ会場にいた。何を隠そう、私はファン歴9年のP担だ。今回の席運は完璧で、初めてのアリーナ席最前列。OP映像が終わり、カウントダウンが始まる。3、2、1……「横浜アリーナ！　盛り上がっていくぜ!!」

ファンを煽りながらＰくんが登場したと思ったら、そこにいたのは……私の兄!?　どう考えても兄の顔をしたＰくんが花道を歩いてくる。周りは何も気づいてない。違和感があるのは私だけのようだ。兄が投げチューをし、甘い言葉をささやき、Ｔシャツをめくり、たくましい腹筋を見せつけてくる。

〈夢の感想〉

せっかく夢でＰくんに会えたのに！　実際、兄のお腹はポニョなのに。これが私の見た人生最悪の夢だった。

〈夢占いの結果〉

無料の夢占いサイトを利用した。今回は「Ｈｅｙ！Ｓａｙ！ＪＵＭＰ」のライブに行ったら、Ｐくんが私の兄の顔になっていたという夢について占ってみる。普段の生活で当てはまると思うものに○、当てはまらないというものに×をつける。

まず、この夢の特徴を単語で挙げるなら、「コンサート」「兄」「アイドル」「がっかり」

の4つになる。以下、占い結果を一部抜粋する。

「自分が誰かのコンサートを見ている夢は、
仕事や人間関係でストレスを感じていそう」↓○
「女性が兄弟の夢をみた場合は、それが理想の恋人像」↓×
「アイドルに会えないとか遠くで見つめているだけという状況は、
期待が裏切られる暗示」↓×
「がっかりしている夢は、あなたの心の中に何かに対する大きな期待がある証。
その期待が大きすぎるため、不安を感じていることを暗示している」↓○

以上のことからわかるのは、私が仕事や人間関係においてなんらかの期待を持っており、それが裏切られることへの不安やストレスを感じているということだ。この夢をみたとき、私は高校生で生徒会執行部の選挙前だったので、選挙への不安が夢という形で現れたのだろう。それにしてもPくんが兄になる必要はあったのだろうか?

夢の内容は、「好きなアイドルグループのPさんに会う」というもので、まさにみたい夢の王道ですね。古典的ではありますが「会いたい人」や「行ってみたい場所」に関連する情報や動画、写真などを就寝前に見ると夢に登場する可能性が高まります。この方の場合は入眠前のイメージ化がうまくいって、夢の中でライブ会場にいます。

しかもよい席に座っていて、ライブ映像の影響でしょうか、Pさんが花道を歩いてきましたが、よく見ると自分の兄だった……。途中まではよかったのに、最後が残念な夢の報告でした。これには、私はPさんの腹筋とお兄さんのふくよかなお腹の対比が影響していると考えました。

夢占いのサイトは女子に大人気ですよね。なぜPさんが兄に入れ替わったのか——「コンサート」「兄」「アイドル」「がっかり（失望感）」という夢のキーワード4つを抽出して、Nさんご本人が占いについて主観的に判断した結果、「半分は合っているようで半分は合っていない」というものでした。

それでもすっきりした説明がつかず、モヤモヤが残ったようですね。フロイトが説いたような「夢の願望充足仮説（201ページ）」、「本当は兄が大好き」ということはない、とご本人が言っていました。それでも、無意識の心の働きだからと言われてしまえば、反論できなくなってしまいますね。

リンカーン大統領は夢で暗殺を予知したのか

「亡くなった人が夢で生きていて会う」「いま生きている人が夢の中では死んでいる」という夢のテーマは世界共通のもので、少なくありません。

私はそのことを知っているので、夢の中に亡くなった人が出てきても自然に受け止めますが、何かのサインではないかと心配になる人も多いようですね。

リンカーン大統領が暗殺される2週間前に、「ホワイトハウス内の大統領の葬儀」を夢にみたエピソードは予知夢の話題では必ず出てくるものです[42]。リンカーン大統領は夢をみたあと、「この夢の中で死んでいたのは、私でなく別人だよ」と言います。

この時点で、リンカーン大統領は補佐官から「暗殺計画をつかんだ」と報告を受けていて、たびたび脅迫状も受け取っており、未遂事件もあり、暗殺される不安が高い状態でした。このように不安な夢と現実が一致したときに、人は「予知できていたのに」と思いこむ傾向があります。

予知夢の真偽

予知夢についていては講演会や各種メディアでの取材で、よくご質問いただくテーマです。夢の解釈の項目（100～101ページ参照）でお話したように、夢の内容には、今後起こりそうだと不安に感じる危機的状況が含まれることが多いので、予知夢としてとらえてしまうことは多々あると思います。

その理由として、心理学の研究では、大きな事件後に〝予知夢をみた〟と思い込む「認知バイアス」が報告されています。自分がみた夢の内容と実際に起こった出来事に類似性があると、「当たった！」と判断しますが、当たらなかった場合にはその夢をみたこと自体を忘れてしまう認知的な偏りのことです。

日本は地震や火山の噴火、水害などの自然災害が多く、これらの被害に関する不安や警戒心が強いので、より多くの人が地震や津波、洪水の夢をみる可能性が高いです。その後、地震が起こると「予知夢をみた」と判断しがちになります。

自然災害と同様に、世の中に不安をかきたてる誘拐や殺人などの犯罪、テロや戦争などの不幸な出来事はたくさんあり、毎日のように報道されます。人は不安になってこれらに関連する不安な夢をたびたびみることで、世界中で予知夢と思えるような体験をする人も多くなるのだと思います。

頻発する出来事ほど、またその出来事に関心がある人が多いほど、「夢が当たった！」と判断する人が多くなります。世界の人口を考えると夢をみる人の母数は多くなり、これを心理学者のリチャード・ワイズマンは「多数の法則」と名づけています。

悪い予知夢だけではなく、いい予知夢をみたという方もいらっしゃると思います。

宝くじを買う人は世界中にたくさんいて、当たることを〝夢〟みて眠るので、当選の夢をみる方はたくさんいます。実際に当選した人は「予知夢をみた」となりますが、当選の夢をみても当たらなかった人は、夢そのものを忘れてしまうというわけです。

またアメリカの心理学ダニエル・ウェグナーが、「考えまいとすると余計考えてしまう思考抑制の逆効果（シロクマ効果）[44]」を提唱しました。ウェグナーは、夢に出てほしくない出来事を考えまいとすると夢に出る「夢のリバウンド効果」を検証していて、「悪い夢を気にしないようにするよりは、受け止めたほうがよい」と指摘しています。忘れられるレベルならＯＫでしょう。

さらに、悪い夢を予兆的な夢と認識することは、さらに不安をかきたてる悪循環を生む危険性があるので、あまりおすすめできません。

夢は遺伝する？

亡くなったお父さまが生前みていた「家に泥棒が入り追いかけられる夢」を、お父さまが亡くなったあと自分もみるようになったというアーティストのＱさんがいました。この方は「夢は遺伝するのかな？」と考えておられました。

夢が実際に遺伝するかどうかはわかりませんが、「追いかけられる夢」は一般的に西洋東洋問わず多いテーマでした（70～71ページ参照）。私は「家に泥棒が入る」夢をみる理由として、一家の主は代々交代し、家を守る——という概念があることに関連していると考えます。

またこれ以外の夢もたくさんみているけれど、「亡くなった父が言っていたな」と夢の中で認識したときに、その夢に着目し、そのほかの夢は注目せずに忘れ去ってしまう。あるいはお父さまが亡くなる前にもQさん自身が類似の夢をみていたかもしれないが、着目せずに忘れ去っていた可能性もあると考えます。これも状況が一致したことによる認知バイアスで説明が可能かもしれません。

「デジャビュ」のメカニズム

一度も見聞きしたことがないのに、どこかで見聞きしたように感じる「デジャビュ（既視感）」は、予期された知覚経験と実際の知覚経験が一致したと脳が誤って判定した現象であると考える研究者がいます。

脳の海馬を刺激すると「私はそこにいた」「そのことが私に起こった」という人工的な感覚が生まれます。そのため睡眠中の脳内の活動により、実際にない記憶が実際にあった記憶のように感じるフォールスメモリー（虚偽記憶）や、ある種の幻覚を引き起こすのではないかと考える研究者もいます。

そもそもわれわれの脳内の自動的な情報処理はすべて認識できるわけではないため、夢の素材はすでに情報としてある程度貯蔵されているのですが、思いもよらない新しい組み合わせで出てくることがあるのです。

そこには、しばらく検索をしていなかった古い情報や、存在を認識されてはいないが貯蔵されているサブリミナル記憶に基づく情報も混じっていることでしょう。

明晰夢と臨死体験には共通点がある⁉

次にあげるのは、大学生Rさんがみた明晰夢の実例です[43]。

〈昼寝で明晰夢：早稲田大学マスコミ研究会Rさんのケース〉

15分のアラームをセットして横になる。次第に意識は薄れ、思考のまとまりもなくなってくる。気がつくと、そこは文化祭前日の体育館。「飾り付けが雑！」と僕は先生に怒られている。先生をはねのけて、「ああ、夢か、残り時間は12分くらいか」と思いつつ、体育館の外に出る。すると、ところどころ崩れていたり、浮かんでいたりする校舎が現れる。さながら近未来のディストピア。

そんなことを考えていると、追ってきている先生に気がつく。周囲には瓦礫の浮島がたくさん。夢だから離れた浮島にもジャンプできる。何か叫んでいる先生をよそに、ウサギにでもなった気分で浮島を跳ね回る。しかしそこでふっと意識が消える。

次に気がつくと、僕は涼しげな洞窟にいた。次の夢に入ったのだ。「残り時間も少ないな」と感じつつ、奥に入ると扉が出てくる。ドアノブに手をかけたとき、突然アラーム音が聞こえる。意識が強制的に現実に引き戻されていく。目を開けるとそこは見知った天井だった。

アラームをセットしてまどろみながら夢をみているRさん。金縛り（睡眠麻痺）にならず、先生に怒られながらもピョンピョン浮島を飛ぶさまは明晰夢を楽しめていますね。私の場合は、自ら動くことがなく、映画を観るように受け身的に、かつ自分がシーンのなかに登場し、夢を自覚しながら五感で没入するタイプなので、少しうらやましい気がします。

さらにRさんは「夢の中でものを意識して動かしてみたい」という希望があり、明晰夢の上達者であるSさんからは、「夢のシーンを巻き戻して、夢の中にあったものを（自分の行動を調整することで）利用してはどうか」と助言がありました。

明晰夢は想起される夢全体の約３％しかなく、それそのものが貴重ですが、実際に夢の中でものを操作できる方や、「今日はこのテーマの夢をみよう」と寝る前に選択する方がいるなど、明晰夢の世界は奥深いです。

通常のレム睡眠時には「背外側前頭前皮質（はいがいそくぜんとうぜんひしつ）」（論理的な問題解決能力と実行、計画能力の中枢）がオフとなるため、夢を現実と思ってしまうそうです[16]。悪夢も同じで、頭のなかではそれが現実だと考えているので悪夢になって、起きたときに自分の頬をつねってみて「夢でよかった〜」となるわけです。一方、明晰夢をみているときは、背外側前頭前皮質がオフにならず、オン・オフをある程度コントロールできるので、夢の中で「夢をみている」と自覚することができると考えられています。

第1章でも触れた通り、明晰夢をみる人と臨死体験をする人の脳の状態の共通点を指摘する神経科学者もいます[45]。臨死体験のときにはレム睡眠に移行することが知られており、そのなかで明晰夢の状態になることで、自分を俯瞰する幽体離脱のような体験の報告があるのではないかと推測されています。死と眠りには密接な関係があり、死にゆく脳は、意識がすべて途絶える直前に意識を睡眠に移行させます。臨死体験は死と生の境界線にありますので、睡眠と覚醒のはざまを行き来しているのかもしれません。

夢遊病で殺人を犯した人

決して〝おもしろい〟話ではないですが、ノンレム睡眠時に起こる夢遊病に関して、一般的にあるのは歩行ですが、「ノンレムパラソムニア(ノンレム睡眠時随伴症)」となり、自分や他者を傷つけた例も報道されています[46]。

一九八七年、ノンレム睡眠のステージ3、4（深い眠り）の中で殺人を起こしてしまった20代男性がいました。

その男性がギャンブルで会社のお金を横領してしまい、発覚後解雇され、妻と相談のうえ、義理の両親と話し合うことを決めた夜のこと。寝ている間に、義理の両親の家に車を運転して向かった。車の運転技能は、長期記憶の中の「非宣言的記憶」の一種である自動化されたスキル・技能の「手続き記憶」に該当し、この場合それは維持できており、義理の母を刺殺、義父の首を絞めた。翌朝、本人は覚えていなかった——。

この衝撃的なケースは家族起因性の夢遊病ということで、その後無罪になりました。

そのほかにも、寝ている間に料理をしたり、性行為をしたり、会話やメールをするなどの例も二〇〇〇年以降「睡眠時随伴症」の一部として紹介されています。

夢の中で歩行中の出来事を覚えていないのは、長期記憶の中の「宣言的記憶」（言葉にできる記憶）の一種である「エピソード記憶」にまで記憶が貯蔵されないからではないかと推測します。

祖父・家康の夢をみつづけた徳川家光

江戸幕府第3代将軍、徳川家光は両親との関係があまりよくなくて、バックアップを得られませんでした。その代わり、自分の尊敬する後見者として、祖父・家康を不安なときに頼りにしていました。その影響なのか、夢にでてきた家康の姿を狩野探幽に描かせた肖像画が「霊夢像」としていくつも残っています。

霊夢像は束帯（儀式で用いる正装）を着て笏を持つ像と、平服を着た像の二種類に大きく分けられ、さらに束帯像は正面を向いた像と斜めを向いた像に分けられます。

家光が家康の夢をみることの効能としては、「不安の解消（感情のコントロール）」があったといえるでしょう。家光は、信頼していた家康に自分の行動を肯定してもらいたいと願っていたのでしょう。何かを決断するときの不安を、家康の夢をみるなかでご宣託、つまり「おつげ」をいただくことで解消していたのではないかと推測します。

また夢に家康と自分が同時に現れて俯瞰してみていた夢は明晰夢の可能性があります。明晰夢によって、あるいは覚醒後に夢を絵にする過程で、夢の筋書きを書き換えられた場合には、悪夢の自己治療にもなりえたでしょう。

亡くなった家康の夢をみることは、家光にとって大きな心の支えになったはずで、家光は亡くなった人と会う夢をきっとポジティブにとらえていたと思います[47]。

動物も夢をみるのか

「レム睡眠があれば、どんな生体でも夢をみている」と仮定することで、レム睡眠のある動物ならすべて夢をみていると考えられています。

そのため、瞬間的に半分の脳でレム睡眠がおこなわれる鳥類と哺乳類（ただし、水生哺乳類やハリモグラにはレム睡眠はないようです）や、レム睡眠が長い単孔類のカモノハシは、夢をみていると考えられています。

かつてはノンレム睡眠からレム睡眠へと睡眠状態が切り替わるのは、このような哺乳類や鳥類だけだと考えられていました。ところが最新の研究では一部の爬虫類やタコやイカの仲間も、睡眠状態が切り替わることがわかっています。

また最近では、タコも「体の色が変わったり、吸盤をピクピクさせたりするときがレム睡眠の状態に近いのではないか」とする研究報告[48]があり、私もこの論文を読んだときに驚きました。動物の眠りのなかで、長時間まとまって睡眠をとるのは、定住生活を獲得したヒト特有のものなので、ヒトの眠りのほうが特殊なのかもしれません。

動物の夢の内容を知るためには「レム睡眠行動障害」を実験的に起こして、つまり夢をみているときに体が動くことを利用して、レム睡眠中の動物を観察する方法があります。一九五〇年から一九六〇年にかけてジュヴェは、動物を用いた睡眠実験をおこないました。まずはネコで「レム睡眠行動障害」を実験的に起こして観察したところ、敵を威嚇したり、エサを食べたり、遊ぶしぐさなどがみられたそうです。これがネコのみていた夢と推論することができるでしょう。

「レム睡眠行動障害」の実例

ちなみに、人間の夢についてもさまざまなことを教えてくれるのがこの「レム睡眠行動障害」です。

「宿泊中のホテルにミサイルが近づいてくる夢をみて閉まっていた二階の窓から飛び降りた」「プールに飛び込む夢をみてベッドから飛び出した[49]」などの症例報告があります。

レム睡眠行動障害は50歳以上の男性に多く、おおかた攻撃的な夢をみます。レビー小体型認知症やパーキンソン病の前触れとして現れる前駆症状としても知られており、その人の認知機能の変化を示している可能性があります。

女性の場合は、こうした夢の影響を受けることでの攻撃行動が男性より少なく、代わりに自分と子どもを守る防御反応などがみられます。

レム睡眠行動障害の夢は、従来の精神分析理論による「満たされない願望、たとえば本当は攻撃したい、傷つけたい」などで解釈してはいけない神経系疾患による夢です[50]。

これらの患者さんがみるのはスポーツや戦闘など攻撃的な内容の夢が多く、眠りながら暴れるなどしてケガのリスクもあります。ご本人だけではなく、同室のご家族の方も安全の確保が大事です。

睡眠麻痺（金縛り）は無害ですが、レム睡眠行動障害は医療による治療が必要です。

第4章　「夢」はコントロールできるのか

夢の「内容」はどうやって決まるか

レム睡眠のなかで、記憶の整理や固定、感情の制御がなされているという考えはさまざまな研究結果から支持されています。夢の内容には、その人の関心の高いこと、気がかりなこと、最近のトピックが出てきますので、私もやはり感情値の高い記憶情報の整理はおこなわれていると考えています。

また、その人のなかで似たカテゴリーに入る事象や、そこから類似性の連想により引っ張り出されてきた情報も夢のなかにはあると思います。

入力された素材（記憶情報）や、思い出す睡眠段階（浅い／深い眠り）による違いもあると考えますが、入力されて1、2日目は夢に出現するが、その後衰退し、6、7日目にふたたび出現率が高まるドリーム・ラグ・エフェクト（「Dream-lag effect[37]」）をカナダの神経科学者トーレ・ニールセンが提唱しました。これは「夢のタイムラグ効果」として知られています。1週間以上、夢日記をつけていくと、いつの日の体験がいつ夢に出てきたかがわかり、あたかも脳内の情報の処理が推測できるようでおもしろいです。

夢には、直接体験、インターネット、ソーシャルメディア、ゲームなどの体験の影響もあるでしょう。

脳内の発作や障害によっても夢は変わってきます。

前頭葉ロボトミー手術（前頭葉内側白質切断術）をおこなうと、夢見そのものが消失する、つまり夢をみなくなることがわかっています。

夢とてんかんに関して、神経心理学者のマーク・ソームズは、前脳の辺縁系部位に限局した（限った）てんかんの部分発作はノンレム睡眠で起こりやすく、きわめて特徴的な夢、繰り返される悪夢をみると指摘しています[22]。

スクールカウンセラーのQ先生が、てんかんの発作がある高校生の心理相談を受けたときのことですが、その生徒さんには小さい頃から不眠があって、あまり夢をみないがみるときはいつも気持ち悪い「げじげじ虫の夢」をみると言っていたそうです。これがその生徒さんにとって、病状の波を示す特徴的な夢なのかもしれません。

起きているときの思考や感情は、寝ているときに夢に出現する思考や感情に現れます。よって起きているときの自分と寝ているときの自分はリンクしているといえます。

私たちは常日頃起きているときにはいつも膨大な情報を各種メディアから受け取っています。ですから、メディアは夢に強く影響を与えます。第1章で述べた白黒の夢世代とカラーの夢世代もそのひとつです。

先日あるテレビ局の科学番組に携わる関係者の方とお話ししたときに、「夢での場面の見え方がテレビのサイズの4：3世代か16：9世代かでは違うのか」という話で盛り上がりました。私は現在、明晰夢の研究に取り組んでいますが、高齢者の明晰夢とデジタルネイティブ世代の明晰夢は明らかに違う――と感じています。

メディアの影響があらわれた夢の実例

メディアの影響があらわれた夢は子どもや若い年代の夢のご紹介が多いですが、それらをみてみましょう（図17）。

YouTube、Twitter、テレビの情報番組、報道番組、ドラマの影響が夢にみられます。

ユーチューバーは児童の憧れの職業にもなっているくらいですから、現代の小学生の夢

図17 メディアの影響があらわれた夢

児童	ユーチューバーの、ティーンエイジャーズというグループと一緒に遊んだ夢。(9歳、女児)
	自分が何かに襲われた夢やゲームの中に出てくるモンスター達に襲われたりする夢です。(9歳、男児)
	青鬼(ホラーゲームのキャラ)が、ぼくを追いかけてくる夢。(11歳、男児)
高校生	ツイッターの炎上事件に巻き込まれる夢。(16歳、女子高校生) 無人島で殺し合いの夢。銃で撃たれて死んでもすぐに生き返る夢。殺し合いのゲームの世界みたいな夢。(17歳、女子高校生)
大学生	司会者のタレントAに親知らずの痛さを語られる夢。(19歳、女子大学生) 自分が人を殺してその殺した人を埋めたあと、10秒後に生き返って襲ってくるのから逃げるゲームを延々と繰り返す夢。(19歳、女子大学生)
70代	毒殺された夢(テレビの見すぎ)。(74歳、女性)
	その日にあったニュース(心を痛めること)やテレビドラマ、本の忘れられない場面などが夢にあらわれる。(78歳、女性)

といった感じです。モンスター（怪物）に襲われる夢や追いかけられる夢は、児童の夢では一般的なものですが、ゲーム中のキャラクターのモンスターになっています。またTwitterなどのソーシャルメディアの影響も高校生の夢に登場しています。それ以外の世代ではテレビドラマやニュース、書籍などのメディアの影響があらわれてきます。

脳科学から――夢はコントロールできるか、そして夢の続きをみる⁉

基本的には夢は意図的な処理ではないので筋書きはコントロールできません。夢の続きをみることも同様です。まれに明晰夢では意図的、自覚的に夢をコントロールできます。

脳内の夢の伝達経路については、ホブソンが次のような提唱[21]をしています。

「レム睡眠中は、脳幹の〝橋〟から発生するＰＧＯ波が視床の外側膝状体（がいそくしつじょうたい）（視覚信号）を経由して後頭葉を刺激し、かつ内省的思考をする前頭前野は夜間に活動が弱くなるので、夢のおかしさには気づかない。前頭前野の論理的なチェックがないことが夢の独創性につながっている」

これはシナプス（情報伝達のための接触構造）を柔らかくし、新しい経路ができるためではないかと推測されています。例外は「明晰夢」で前頭前野のＢＯＬＤ信号が強まること。つまり想像世界でも内省、自制、意思決定ができるのだと説明しています。

明晰夢をみるための実験として代表的なものを挙げておきます。

フランクフルト大学（ヨハン・ヴォルフガング・ゲーテ大学）で二〇一四年におこなわれた実験[51]では、明晰夢をみる人の脳波に覚醒時より活発な30～40Ｈｚのガンマ波が見られることから、被験者の前頭葉にガンマ波を当ててみたところ、半数以上の被験者が明晰夢をみたということです。

またノースウエスタン大学は二〇二一年に、脳波の刺激をせず、明晰夢に導入し、夢をみながら外界のサインに応答したり簡単な計算問題に答えたりすることができたと発表しました[52]。

NOVA PBS Officialによる実験映像も残っています[53]。

好きな夢はどうしたらみられるか

寝る前にみたい夢のイメージをする——これを短い時間で習慣化するといいと思います。こうすることで覚醒時の自分にもポジティブな影響があり、さらにみたい夢をみられたらダブルでお得です。

寝る前に何かを思い出すことはみたい夢をみるために有用ですが、入眠直前に興奮しすぎると、楽しくても入眠を阻害するので気をつけましょう。

至高体験する夢をめざしてみよう

みたい夢のイメージづくりには、前述のアブラハム・マズローが唱えた「ピーク・エクスペリエンス」（自分の人生の最高の瞬間をつかむ体験）を利用してはいかがでしょうか？

マズローは、どうすればその人が幸せに満たされ、十分に社会で機能する人間になるかを考え、人の欲求を階層化していきました（51ページ図5「マズローの欲求階層構造」参照）。「こうありたい」という欲求は、われわれが毎晩みる夢にも反映されます。

児童のときは食べ物（生理的欲求）や将来なりたい仕事等の〝夢〟（承認・尊重の欲求）が出てきていました。青年期は憧れの人とのデートの夢（愛と所属の欲求）が出てきます。トイレの夢（生理的な欲求）や、典型的な悪夢のテーマ、追われ逃げる、火事を消す夢（安全の欲求）などは、世代を通してみられます。

「ピークエクスペリエンス」の内容は人によって違いますが、美の創造による深い芸術的な体験、成熟した恋愛、完全なる性体験、親としての愛情、出産経験などが挙げられています。欲求階層構造の自己実現欲求から自己超越の欲求に近いですね。

これら「ピーク・エクスペリエンス」は、自分が何者でこれから何をしようとしているのかという洞察や、将来の困難を切り抜けるための勇気と自信を得ることに関して、長期にわたりポジティブな影響があると指摘されています[54]。それを睡眠中の夢で体験できたら実にすばらしいことでしょう。

みたい夢に挑戦した大学生の実例

前出の早稲田大学マスコミ研究会のみなさんが、好きな夢をみようとトライしました[43]。実際におこなった寝る前のイメージトレーニング方法とその結果について紹介するとともに、ポイントを考えていきましょう。

〈Rさん――寝る前に心配事をいったん棚上げしよう〉

方法：ひたすら〝みたい夢〟について考え、「空を飛ぶ夢」をみるために延々と〝空を飛びたい〟と考えたりした。

結果：しかし、テストや単位が不安すぎて、そのことばかり考えていたら「単位を落とす夢」など悪い夢ばかりみた。結局、現時点ではみたい夢をみられていない。

Rさんには前期のテストや単位の取得に関する心配事があったようです。寝る前に心配事があるとそのことが夢に出てきやすくなるので、就寝直前にはネガティブなことを

●この本をどこでお知りになりましたか?(複数回答可)

1.書店で実物を見て　2.知人にすすめられて
3.SNSで(Twitter：　Instagram：　その他　)
4.テレビで観た(番組名：　)
5.新聞広告(　新聞)　6.その他(　)

●購入された動機は何ですか?(複数回答可)

1.著者にひかれた　2.タイトルにひかれた
3.テーマに興味をもった　4.装丁・デザインにひかれた
5.その他(　)

●この本で特に良かったページはありますか?

[　]

●最近気になる人や話題はありますか?

[　]

●この本についてのご意見・ご感想をお書きください。

[　]

以上となります。ご協力ありがとうございました。

郵便はがき

お手数ですが
切手を
お貼りください

150-8482

東京都渋谷区恵比寿4-4-9
えびす大黑ビル
ワニブックス書籍編集部

お買い求めいただいた本のタイトル

本書をお買い上げいただきまして、誠にありがとうございます。
本アンケートにお答えいただけたら幸いです。
ご返信いただいた方の中から、
抽選で毎月5名様に図書カード(500円分)をプレゼントします。

ご住所　〒 TEL(　　-　　-　　)	
(ふりがな) お名前	年齢 歳
ご職業	性別 男・女・無回答
いただいたご感想を、新聞広告などに匿名で使用してもよろしいですか?　(はい・いいえ)	

※ご記入いただいた「個人情報」は、許可なく他の目的で使用することはありません。
※いただいたご感想は、一部内容を改変させていただく可能性があります。

考えないようにすることが必要です。

　この場合「必修の単位を落としたら、また再履修になる」「単位を落として、留年の可能性が高まったらどうしよう」などの考えを、「テストまであと何日あるから最低限ここまでやればなんとか間に合うだろう」「すでに科目を履修した友達や先輩に対策を聞いてみよう」「数科目で留年が決まる時期ではないので、夏休みに長期的単位取得の履修計画を考えよう」などにあらため、不安や懸念を棚上げすることをおすすめします。

　解決できないことは対処法を考え、気持ちを切り替えましょう。まだやり残したタスクはメモに残すなど整理をして、ひとまず落ち着きましょう。

　そのほか、悲しみなどの感情がある場合にはマインドフルネス瞑想[20]のように、判断や評価なしに自分の感情をただ眺めて距離をとるなど、すべてのことを淡々と受け止めることも有効かもしれません。

〈Sさん――細部まではコントロールができないのが夢らしい〉

方法：寝る前にみたい夢をひたすらイメージするという古典的な方法をとった。アイドルグループ「嵐」の夢をみるため、ベッドの中で「嵐」の曲を流しながら眠りについた。

結果：実験に成功した。夢の中で、『しゃべくり007』に櫻井翔くんが出ている。櫻井くんがしゃべくりのメンバーに「嵐5人の名前、言えますか!?」と。国民的アイドルだぞ、そりゃあ言えるだろう。5人の名前がすらすらと挙がる。うん、たしかに5人だ。でもそこに私の高校の同級生がひとり混ざっている。夢の中の私は「え？何で？これは夢だ!!明晰夢だ!!」と思っていた。ただ、卒業式以来連絡をしていない同級生が出てきたのは本当に謎。

Sさんは、「嵐」のメンバーの夢をみられたようでよかったです。

5人という人数は合っていたが、1名が違うと気づいたことで明晰夢になった夢でした。設定はいいところまでいっても、細部にいたるとコントロールできない情報が混じりこんでくるのも本当に夢らしいです。

いい夢見のためにできること

①睡眠環境を整える

明晰夢につながる「いい眠り」を実践するために、まずは睡眠環境を整え、いい夢をみる確率を高めましょう。

健康づくりのための睡眠の指針は厚生労働省からも出ています[55]。指針によると、昼寝が必要な場合も短時間（30分程度）にとどめ、睡眠リズムが乱れやすい人は、起きる時間を一定にし、寝る時間で調整するのがいいようです。

寝室は快適な睡眠を重視した間接照明などが用意されたくつろげる空間で、ある程度外部からの光や音を遮ることができたほうがいいです。

布団は重すぎず、中がちょうどよい温湿度に保てるものを準備しましょう。布団に入る前にはトイレに行っておきます。膀胱に尿がたまる感覚によって早朝覚醒しないようにするためです。加えて尿がたまるとトイレにまつわる夢をみてしまいそうです。

眠りの環境周りを調査すると、「寝る前にスマホを見ている」と答えた人が多く、S

NSや動画を観ながら眠りに落ちるのをルーティンにしている傾向がみえてきました。どうしてもスマホでネットを楽しみながら一日を終えてしまいがちですが、いい夢のためには脳や目への負担は極力避けたいところ。夜更かしや浅い眠りの原因にもなります。

一方で、パジャマやアプリなど睡眠をよりよくするためのこだわりが強くみられたのはいいですね。生活のリズムを乱してしまう近頃だからこそ、睡眠に対してプラスになる最新の技術を取り入れて、睡眠の問題解決へ役立てていきたいものです。

②寝る前の就眠儀式

いい夢見のためには、寝る前の簡単なリラクセーション法も有効です。

これは、呼吸法と筋弛緩法を組み合わせたもので、まず体の一部分ごとに力を入れたあと、筋肉を弛緩させることを繰り返します。漸進的筋弛緩法の一例では、手のひら→腕→肩→背中→首→顔→腹→足→全身の順におこないます。

最終的に、自分が安心できるリラックスした体の状態で自然な鼻呼吸をしながら、脱力させる動作とともにその脱力感をじんわりと味わいます。

就寝前に好きな音楽やゲームを楽しむ場合は興奮しすぎないものがいいと思います。さらにはアロマなど好きな香りを焚くのもいいでしょう。

つまり、寝る前に心地よい睡眠のためのルーティンを自分なりにつくることが大切です。同じ行動が繰り返されると脳内のニューロンの電子信号が速く伝わるので、睡眠のための条件付けをルーティン化することで眠りを誘うと考えられます[20]。

第5章　「悪夢」と「トラウマの夢」

トラウマの夢（PTSDの悪夢）

日本は自然災害が多い国です。なかでも二〇一一年三月一一日の東日本大震災のことは多くのみなさんの印象に残っているのではないでしょうか。

大きな災害などで大切な人々を失い、生き残った人が、亡くなった人に対して覚える罪悪感を「サバイバーズ・ギルト」といいます。「助けられなかった」「自分だけ生き残ってしまった」「自分以外に助かるべき人がいた」と思って自分を責めてしまうわけです。そしてこれは夢に現れます。

東日本大震災において、家族に生きていてほしかったという想いや自分だけが生き残ってしまったという罪悪感が、「自分が津波に呑み込まれるなど災難に遭うのだが、家族だけは助かる夢」となって現れることもあるかもしれません。

大切な人々とお別れしたあと、どんな夢をみるのか――七年にもわたり東北学院大学の学生さんたちが被災者にインタビューした報告が書籍[56]として刊行されています。その中で私の心に強いインパクトを与えた夢からいくつか紹介しましょう。

〈津波で手が離れて祖母を亡くした女性の夢〉

3月11日前後にみる「押し寄せる真っ黒の波の幕」の夢。一度だけ、祖母が夢にでてきた。昔祖母が住んでいた家で二人で一緒に着物を探した。祖父からの贈り物の着物が見つかった。長女が高校に合格したころにみた。子育ての悩みを祖母に話していた。六年たちようやく悪夢が減り、二女とキムタクの家にいって大きな台所で奥さんと一緒に料理をする楽しい夢をみた。娘も育っていることを夢で報告するような感じだった。

「押し寄せる真っ黒の波の幕」はトラウマが現れた悪夢だと思います。一緒に探しものをするというのは、津波で手が離れたことにまつわる罪悪感（サバイバーズ・ギルト）でしょうか。その後、お子さんたちの成長を報告するような夢というのは、悲しみを抱えながらも家族に応援されているたくましさを感じます。

そのほか、ＰＴＳＤ性の悪夢は、さまざまな感覚が鋭敏で、鮮明性が高いようです。

〈東京から帰省して、両親の遺体を探した男性の夢〉

両親を探している間、夜になると昼間の光景を夢でみた。遺体安置所でブルーシートをめくる。ビデオカメラで撮影した映像を見ているように、夢は鮮明だった。30日後に両親の遺体が見つかり、東京に戻ったあと、再度悪夢をみた。遺体安置所から出ようとすると、数人の遺体から手が伸び、弱い力で足をつかむ。触られた感触は生々しかった。

まずご両親のご遺体を遺体安置所で探し続けた男性の夢は、何度も何度もおこなった行為と見つかったときの衝撃が「鮮明なリプレイ映像」という表現から伝わります。

ご対面したときの悲しみの記憶はその晩すぐにでるわけでなく、しばらくの時間を経て、東京に戻ったあとの夢にでたとのこと。またご遺体から伸びた手が自分の足をつかむ夢からは、安置所にあって、まだ家族との対面が叶わないご遺体の悲しみや、現場を立ち去ることへの寂しさや罪悪感を感じました。

〈両親を津波で亡くした女性の夢〉

実際には津波に遭っていないのに、亡くなった両親とともに津波から逃げる夢をみる。津波に襲われる直前で夢は終わる。母が父の車いすを押している。津波に巻き込まれる直前の父親の驚いた横顔。また、母が台所で食器をカチャカチャ洗う音が聞こえる夢。直覚に訴える夢。

ご両親を津波によって亡くされた女性の夢は、お別れの瞬間の映像や音のイメージが現れたトラウマの夢と考えられます。

恐怖記憶を固定しないために眠らせない指導方法もある

レム睡眠には記憶情報を処理する機能があると述べてきましたが、レム睡眠が長いほど恐怖記憶が処理されやすいわけではありません。長いレム睡眠により、いやな体験の記憶を固定してしまう効果があることを示す研究結果もあります。

筑波大学国際統合睡眠医科学研究機構の最近の研究報告によると、悪夢は海馬の新生ニューロンが再活動して記憶に固定されることがわかっております。よって危機的な状況での不眠にはネガティブな記憶を固定しないための適応的機能があるのではないかと仮定し、恐怖記憶が定着しないように、トラウマ体験から6～8時間は、睡眠をとらせないという指導をする方法もあります。

PTSD性の悪夢は決まった筋書き（スクリプト）が固定化されて、繰り返し同じ夢をみてしまうので、これは固定化させないためのひとつの方法といっていいでしょう。

9・11などの「フラッシュバルブ記憶」

重大な出来事に対し感情をともなう鮮明な記憶を「フラッシュバルブ記憶（Flashbulb memory）」といい、夢にも出現します。一方でこの「フラッシュバルブ記憶」でさえ、事実を正確に示す記憶として信頼できるとは言い切れないとする報告があります。

アメリカの学生に「9・11同時多発テロ」の1週間後、6週間後、32週間後に記憶の書き出しをしてもらったところ、話の細部で辻褄が合わず、記憶が薄れる速度は普通の記憶と同じようなものがありました⑰。とはいえ当の学生本人は、鮮明な「フラッシュバルブ記憶」は正しいという信念を持続していました。

フラッシュバルブ記憶については、海外ではリンカーンやケネディの暗殺、スペースシャトル・チャレンジャー号の爆発など、日本では東日本大震災、一九九九年の東海村原子力事故が研究対象となっています。

サバイバル記憶（危機的事態を生き抜こうとした記憶）などは、詳細で、自分にとって重要な情報の選択と抽出をするため、夢にも鮮明に現れます。

ですから、阪神・淡路大震災、東日本大震災、熊本地震、西日本豪雨など、自然災害が多い日本では、私たちの記憶と夢もこれらの影響を受けると考えます。

被災者を思うカウンセラーの夢

次に挙げるのは、私がカウンセラーとして「長年介護した親との死別後、心身の不調をきたした」という相談や、「震災のことを思い出し、心身の不調をきたした」という相談を受けた翌朝にみた夢です。

噴火のあとの火山灰のような灰色の沈殿物がたまった太鼓橋、つまり神社の前にあるようなアーチ状の橋を歩いている。洪水がきたのか大雨が降ったのか、透明な水がザーザー流れ、けっこう深い所をジャブジャブ歩いている。

夢には以前、水害があった熊本が登場し、自然災害に遭い、死別の悲しみや苦しみを感じながらも、それでも前を向いて歩いていく決意のようなものを感じました。

またそれが、透明だけれど急で深い水の中を歩くというメタファー（暗喩）となって現れていると考えました。このように、カウンセラーとして来談者の気持ちに反応したような夢をみることもあります。

『劇場版「鬼滅の刃」無限列車編』に登場する「サバイバーズ・ギルト」

世界における興行収入が500億円を超えた大ヒット映画『劇場版「鬼滅の刃」無限列車編』の中では、眠らせて夢をみさせる鬼の術が展開され、多くの登場人物の夢が紹介されていました。

主人公の炭治郎（たんじろう）が夢の中で鬼に惨殺された家族に会い、助けられなかったことを泣いて謝る場面が出てきます。炭治郎はすごく家族きょうだい想いなので、夢に家族がでてきやすいタイプだと思いますが、これには助けられなかった自分に対する罪悪感、「サバイバーズ・ギルト」が表現されているといえるでしょう。このあと炭治郎は夢の中でも殺害された弟や妹に謝り、夢の中にいることに気づき目覚めます。また鬼は「家族に責められる夢」をみせようとしますが、炭治郎は「自分の家族はそんなことを言うわけがない」と、鬼がしかけた〝夢の術〟であることに気づきます。

炭治郎の同期で、女子にコンプレックスがある善逸（ぜんいつ）は、好きな女の子（禰豆子（ねずこ））とデートする夢をみて、シロツメクサの花冠をつくったり、頼りにされたりするなどウキウキしています。関心が高いテーマ、自分にとって大事な人は夢に出やすいのです。

同じく同期の伊之助は、自分が洞窟探検隊のリーダーとなる夢をみて楽しみます。（炭治郎、善逸、禰豆子らしき）動物の子分も従えています。ここでは夢に出てくる子分（炭治郎と善逸）の顔があまりわからなくなっています。「Xさんと話していることはわかるが、Xさんの顔はハッキリ見えない」といった現象は、夢の特徴でリアリティがあると感じます。きっと原作者は睡眠や夢に関心の高い方なのではないかと思います。

日本人は飲みすぎているのか

日本人は世界的にみても寝不足です。しかも寝不足の人、つまり睡眠負債を抱えた人は、のちに依存症を発生するリスクを高めるという研究結果があります。事実、アルコールのほかニコチン、カフェインなどの物質に過度に依存し、切らすと離脱症状が出るなど精神的身体的な依存状態の物質乱用者は不眠症が多く、睡眠時間も短いです。

精神医学的な飲酒の依存症判断に用いるスクリーニングテスト[58]では、日本人はアルコール依存症に近い得点を取る人が多いような気がします。私も禁断症状などの離脱症状がないだけで、まあまあ飲んでいるほうなのだなと驚いたことがあります。

このコロナ禍で少し変わったかもしれませんが、日本の社会人には飲酒文化が根づいているようです。こうした日本人の不眠症とアルコールの関連は興味深いテーマです。

寝る前のアルコールには気をつけて

ナイトキャップといって、入眠を誘う習慣としてアルコールを利用している人もいらっしゃるのではないかと思います。実際、眠気は誘うのですが、中途覚醒と早朝覚醒をもたらし、眠りのリズムを乱してしまいます。また眠るためのアルコール摂取はだんだんと耐性がつき、飲酒量が増えていきます。そのため、アルコール依存症を発症するリスクを考えると就寝前飲酒はおすすめできません。

アルコール依存症者の夢

アルコールはレム睡眠を阻害し、レム睡眠が出現したときには悪夢をもたらし、睡眠の恒常性を乱すことが指摘されています。アルコール依存症患者は飲酒直後よりも、アルコールをとにかく欲してしまう離脱症状時に悪夢をみることも調査でわかっています。

ここからは、アルコール依存症患者の断酒継続のための自助グループに参加している方に協力していただいた研究の結果[59]をご紹介します。

〈断酒継続時と断酒前の離脱症状時の比較〉

現在（断酒継続時）より過去（断酒前〈離脱症状時〉）の睡眠において、不眠得点が高く、入眠（寝つき）困難、中途覚醒、早朝覚醒、睡眠の質量の問題、日中の問題と、すべてにおいて評価が低かった——つまり断酒後のほうが睡眠は改善している様子がうかがえます（図18）。また、断酒継続時の夢のほうがポジティブ感情の体験頻度が多かったのですが、夢のネガティブ感情について差はみられませんでした。

「飛ぶ夢」、明瞭夢、夢想起頻度には、断酒前後で差はみられませんが、「落ちる夢」「追いかけられる夢」「目が覚める悪夢」「目が覚めなかった」といった悪い夢は断酒前（離脱症状時）のほうが断酒継続時に比べて多かったのです。

夢の感覚については、すべてにおいて、断酒前後での差はみられませんでした。

アルコール依存症であったときのＡＵＤＩＴ（飲酒量のスクリーニングテスト）では、アルコールへの依存度が大きいほど、日中の気分、活動性、眠気などの睡眠の問題への自覚の強さと関連がみられました。

具体的には、「一度に飲む量が多い」「飲酒後の後悔が強い」「飲酒を控えるようすすめられている」人ほど、夢の中でのポジティブ感情体験が少ないことがわかりました。また飲酒をやめられない頻度が高い人ほど、夢で怒りの感情を多く体験していました。飲酒後の罪悪感の体験頻度が高い人ほど、翌朝飲まないと働けなかったなど、日中の活動が低下していました。

さらに１日の飲酒量が多い人ほど、夢の中での味覚体験が乏しくなっていました。また、一度の飲酒量が多い、さらに飲酒を控えるようすすめられている人ほど、夢の中で

図18-1　断酒時と離脱症状時の不眠症状の比較[59]

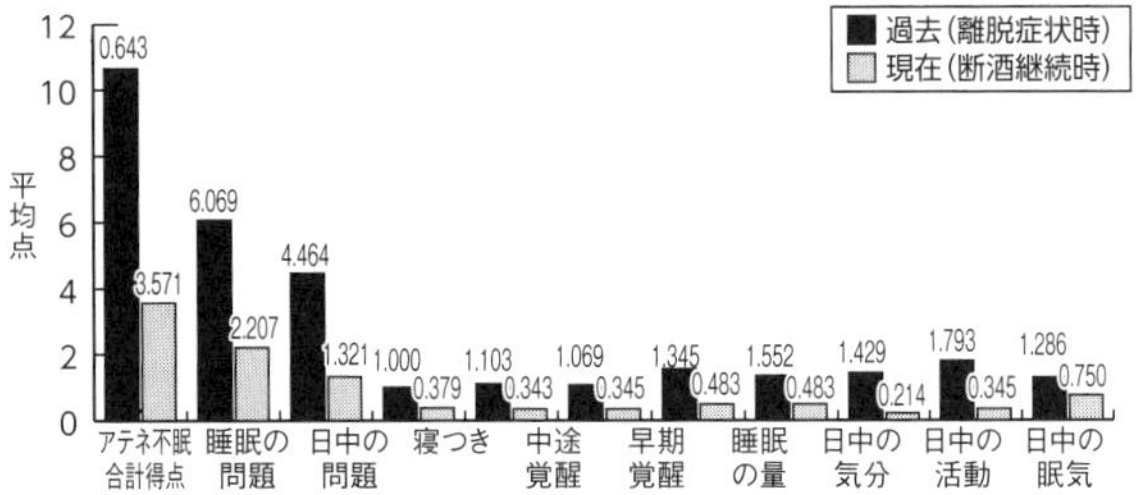

※すべての変数で、過去のほうが現在より有意に高かった

図18-2　断酒時と離脱症状時の夢の感情の比較

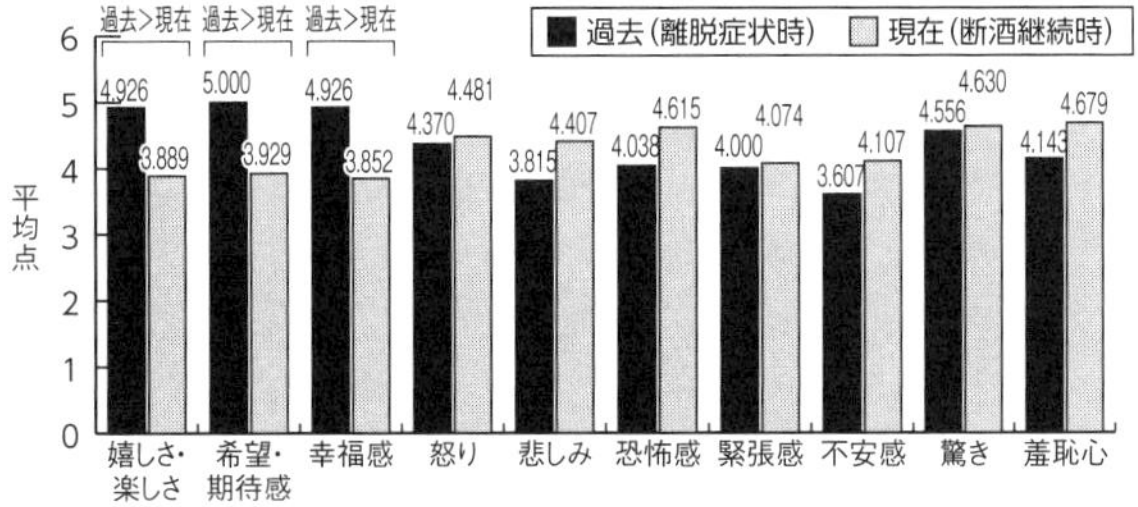

※想起頻度に関する質問紙は得点が低いほど夢想起頻度が高いことを示す

図18-3　断酒時と離脱症状時の夢のテーマの比較

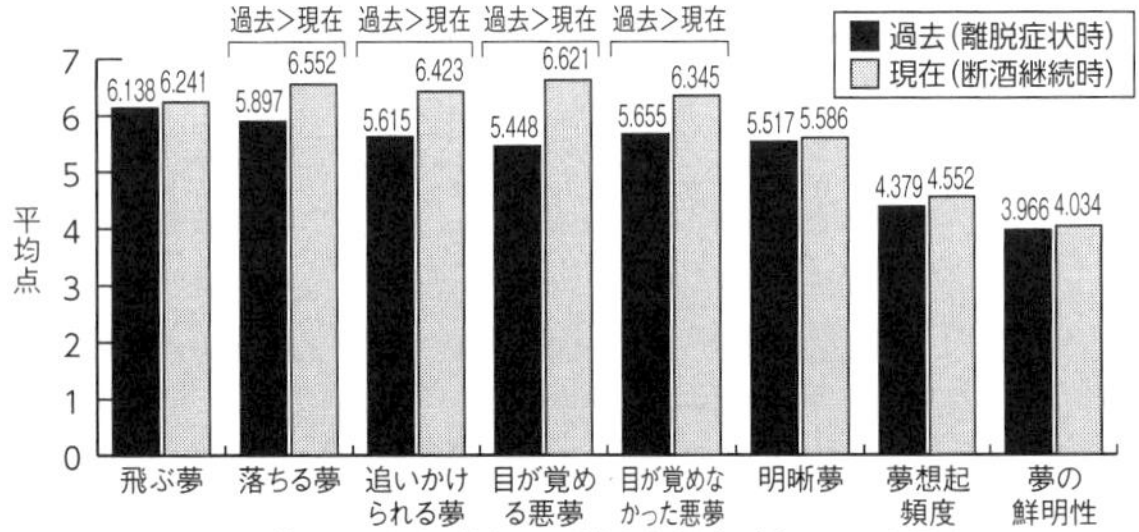

※想起頻度に関する質問紙は得点が低いほど夢想起頻度が高いことを示す

の嗅覚体験が乏しくなっていました。

〈断酒前の飲酒習慣と不眠および夢想起内容の関連〉

アルコール依存症疑い群のほうが、ハイリスク飲酒群より、寝つきが悪く、日中の気分や活動の低下がみられました。また、アルコール依存症疑い群のほうが夢のネガティブ感情体験が多く、ポジティブ感情体験には有意差はみられませんでした。

また、夢の中の感覚では視覚のみ、アルコール依存症疑い群のほうが高く、各夢のテーマの体験率には差がみられませんでした。

悪夢の階層性——治療が必要な悪夢とは？

われわれは普通に悪い夢をみる日もありますが、なかでも治療が必要な悪夢とはどのようなものでしょうか？

悪夢度に従って夢を階層[59]から分類していきましょう（図19）。

まずは普通の夢です。

これには「はじめに」でも触れた「ポジティブな感情をともなう夢」や「感情的にはニュートラルな夢」が該当します。

その次は、普通の不快な夢、すなわち「ネガティブな感情をともなう夢」があります。焦った夢などが典型的でしょうか。

悪い夢は「失敗やトラブルに関する夢」ですが、夢の途中で目が覚めるわけではなく、睡眠は最後までとれるものです。

臨床的な悪夢と判断されるのには、ネガティブ感情の負荷が高まるだけではなく、「悪夢で目が覚めるかどうか」が重要です。つまり治療が必要な悪夢では、中途覚醒によって睡眠が中断されるということなのです。

となると、悪夢は睡眠そのものの不調をともない、さらに次の2種類に分けられます。

①現実生活上のストレスが原因の悪夢、つまり特発性の悪夢
②災害や事故、事件の被害などのトラウマに関わるＰＴＳＤ性の悪夢

後者のほうが悪夢をみることによるストレスが高いです。

①の「特発性の悪夢」は低いストレスをともなうものか、高いストレスをともなうものかでさらにふたつに分けられます。

また、②の「PTSD性の悪夢」は、トラウマに関連する夢か、トラウマそのものの再現かに分けられます。

いちばん深刻なトラウマそのものを再現するPTSD性の悪夢は、現実世界で過去に体験したトラウマのフラッシュバックと夢の区別がつかなくなるので、恐怖もマックスで大きく混乱してしまいます。

悪夢が鮮明すぎて、夢か現実かがわからず、怖くて眠れない「睡眠恐怖」を抱える人もいます。

特発性の悪夢は夜間睡眠の後半で起こりますが、PTSD性の悪夢は睡眠の前半で起こるため、深刻な不眠症状に悩まされますし、ひと晩にいくつもの悪夢をみることもあるのです。

図19　レヴィンとニールセンの悪夢の階層表[59]

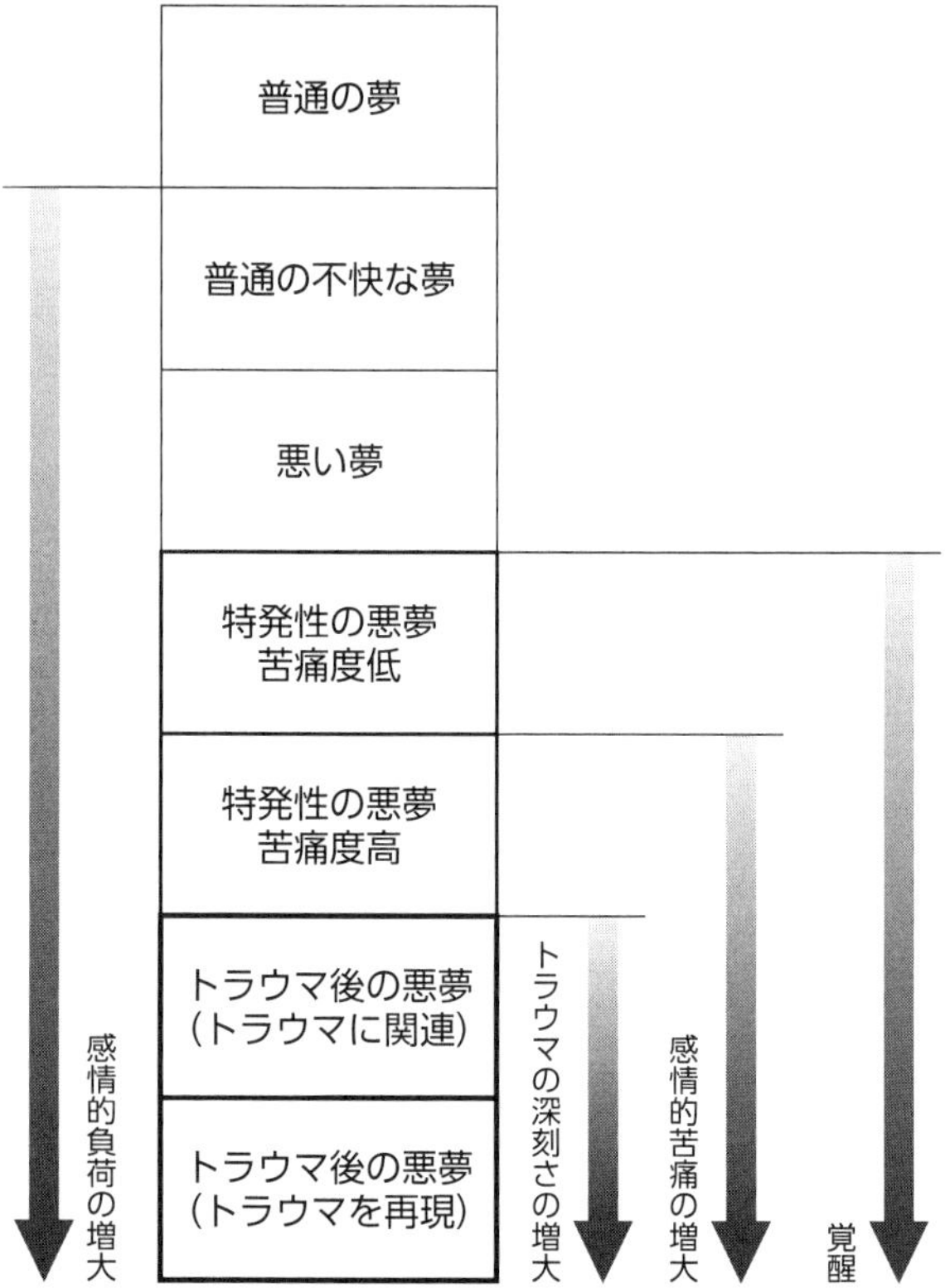

不眠、悪夢、睡眠不足などはメンタルヘルス上、放置しないほうがいいとされています。その理由として、不眠と悪夢はうつ病や希死念慮（死にたいと思う気持ち）の前兆として知られていること、また、寝不足のあとには躁かうつの気分になりやすいので、うつ病や、躁うつ病とも関連していることがあります。

特発性の悪夢とPTSD性の悪夢の違い

先述のレヴィンとニールセンによる悪夢の類型化[60]で定義される特発性の悪夢は、米国精神医学会の「DSM-5精神疾患の診断・統計マニュアル」や米国睡眠医学会の「ICSD-3睡眠障害国際分類第3版」における悪夢障害に相当します。

悪夢は、夜間睡眠後半のレム睡眠において少なくとも10分経過後の急激な覚醒と、心拍数、呼吸数、レム密度の上昇によって定義づけられます。

先述のとおり、特発性の悪夢は一般的に夜間後半に起こり、現実生活のストレスと関連したストーリーでバリエーションがあり、かつ長めです。これに対しPTSD性の悪夢は、夜間睡眠の早い段階で起こり、睡眠を重篤に阻害し、トラウマと関連したストーリーが繰り返され、短い傾向があります。

ちなみに夢遊病は、レム睡眠ではなくノンレム睡眠で起こります。

悪夢の個人差——日本人の大学生のコロナウイルス・パンデミック・ドリーム

悪夢をみやすいかどうかは、「ストレスの強度」×「対処可能性」×「性格」によって変わると考えます。

たとえば、日本の大学生に調査したコロナウイルス・パンデミック・ドリーム。同じ時代に同じイベントを経験しても、否定的な結末の夢をみる人もいれば、夢の中で工夫してトラブル対応した人や、パンデミック終息後のポジティブな感情をともなう夢をみる人もいて、個人差が大きいものでした。

また悪夢ではあっても、未知のウイルスに立ち向かう知恵は共通してみられるように思いました。この後のウィズコロナ、ポストコロナによっても夢は変化していくでしょ

図20　大学生のコロナウイルス・パンデミック・ドリーム[61]

否定的な結末の夢	新型コロナウイルスの影響で大学院入試や国家試験が中止になり、進学するまでに無駄な1年を過ごさなければならなくなった夢。
	熱や咳がでて、友達に暴力を振るわれた夢。
トラブル対処・回避した夢	家族にコロナの症状が出てしまい、PCR検査を受けることになった。自分もウイルスに感染しているのではと、会った知り合いやバイト先に急いで連絡した夢。
	中学からの友人たちを誘い大きなパーティーのような会を開こうとしたがコロナで急にやめようとなった夢。
終息後の肯定的感情の夢	新型コロナウイルスが終息し、好きな歌手のコンサートが開催されることが決まったというニュースを母と二人で見て、喜ぶ夢。
	コロナ状況が終わって、色んなところへの旅行の計画を立てる夢。

う。

そのほかの要因、たとえば体の痛みや痒みなどが夢に取り込まれることもあり、喘息や偏頭痛の患者にとっては症状変化を示す指標でもあるようです。

アメリカのコロナウイルス・パンデミック・ドリーム

新型コロナウイルスは目には見えないので、先述の（114ページ）日本人女性・Kさんの夢では「湿気」「カビのにおい」「小さな声」として夢に出てきました[61]。

そのほかの方の事例として、マスクや人工呼吸器、ソーシャルディスタンスが夢に現れます。これは、文化を超えて共通のようです。

アメリカの心理学者ディアドラ・バレットは、コロナウイルスによるパンデミック・ドリームは、鮮明さ（vividness）と奇怪さ（bizarreness）が特徴だと指摘しています[62]。

もちろん背景には、ウイルスに対する不安があります。

ディアドラ・バレットは、夢の素材には、次のようなものが特徴的に出現すると発表しています。

・防護服、検査、陽性、病院、咳、医療従事者、ワクチン
・自己エンバーミング、ゲーム、検疫、呼吸困難、接触感染、流行、パンデミック
・マスク（していない罪悪感）
・ヨーロッパ式挨拶（頬にキス）、マスクなし、ソーシャルディスタンスのない会食
・パーティ、息をとめる、隔離
・虫（ハチ、スズメバチ、ムカデ、ゴキブリ、カマキリ）
・目に見えない怪物（幽霊、力、目に見えない指や手）
・死者からの招待
・その他のウイルスのメタファー（津波、竜巻、ハリケーン、地震、山火事、大量殺人）

コロナウイルスによるパンデミック・ドリームとほかの夢とを区別する特徴的なキーワードとしては、「COVID-19、コロナ、ウイルス、終わり、死んでいく、家、マス

ク、熱」があるでしょう。
また、そのほかの健康不安の夢と共通するキーワードとして「心配、不安、病気、医者、死」もあります。

中国・武漢のコロナウイルス・パンデミック・ドリーム

パンデミックがスタートした武漢を含む中国湖北省に住む人に夢の自由記述をしてもらい、これを分析しました。厳しい都市封鎖中にみた夢の記録です[63]。

キーワードに「コロナ、ウイルス、COVID-19、感染、マスク、検査、自粛、洗う、消毒、咳、病院、病気」などがあります。あるいは、その夢をみた原因にこれらのキーワードがある場合にパンデミック・ドリームと分類しました。

夢の実例とその夢をみた理由について、（夢をみた）本人が考えたことを以下に示します。日本におけるパンデミック・ドリームと似ています。

1．（夢）コロナが終わって外出しました
（理由）仕事のことに関連してこのような夢をみたと思う
2．（夢）コロナが終わった
（理由）私は武漢人なので、コロナが終わったら早く武漢に戻りたい
3．（夢）マスクがない
（理由）マスクが品薄で買えなかったから
4．（夢）私は戦場の兵士になって、周囲は銃弾が飛び交い、亡くなった戦友と闘っている戦友がいる
（理由）コロナ期間中にボランティアが募集されていたが参加しなかった
5．（夢）螺旋階段を走っている。知らない人がうしろにいると直感した。黒い場所に行って死んだ
（理由）COVID-19の情報に注目しすぎて不安になっているから

悪夢をみることの意味

日本の精神医学者である中井久夫（なかいひさお）は、豊富な臨床経験から統合失調症患者の妄想（悪夢）は回復の兆しであると指摘し、アメリカの臨床心理学者ロザリンド・カートライトは、悪夢をみた人のほうが、早くうつ病から回復するという実験結果を示しています。

カートライトは、悪夢には苦境や困難を跳ね返す抗ストレス力／レジリエンスの機能があるという指摘もしています[64]。抑うつ的な気分が強い人は明け方になるにつれて夢のネガティブ気分が減り、ポジティブ気分が増えるという睡眠実験の結果を示していま す。こうした研究結果から、目覚めたときにみていたネガティブな夢をポジティブな夢に書き換えることは、日中の気分を良好化するのにも役立ちそうです。

睡眠そのものを変える薬はない

ときどき驚く方もいらっしゃいますが、睡眠外来を受診しても睡眠そのものを変える薬物の処方はありません。

従来の睡眠導入剤は抗不安薬が主であり、不安を和らげ眠りをもたらすＧＡＢＡの働きを強める薬（ベンゾジアゼピン系）と副作用の少ない非ベンゾジアゼピン系があります。

近年、睡眠のリズムを整えるサプリが出てきました。たとえばホルモンの調整をするメラトニンを誘発する薬「ロゼレム（一般名ラメルテオン）」は、脳の松果体からメラトニンがでて視交叉上核にある体内時計の中枢にスイッチが入る状態を疑似的に再現します。メラトニンは眠りを誘発する物質として知られ、日中はほとんど出ず、夕方からだんだんと分泌されるようになります。

不眠症治療で使用されるオレキシン受容体拮抗薬には「ベルソムラ（スボレキサント）」があります。ロゼレムのようなメラトニン受容体作動薬は脳を夜モードに変え、このオレキシン受容体拮抗薬は脳の興奮を鎮めて眠気をもたらします。

悪夢の薬理学的療法（米国睡眠医学会[65]）では、「プラゾシン」（高血圧治療薬）、「レボメプロマジン」（鎮静系の抗精神病薬）がレベルＢの評価、つまり悪夢を減らす治療に強い効果がある薬物であることを意味しています。

いわゆる心理相談では、悪夢に悩む人よりも不眠に悩む人のほうが多いため、不眠症の改善のための認知行動療法のほうが、悪夢改善のための認知行動療法より盛んです。

不眠症の認知行動療法

不眠症の方の行動を変化させるためのふたつの認知行動療法の技法として、「刺激制御法」と「睡眠制限法」をご紹介します[66]。

「刺激制御法」は、寝るときの決まりごとを示したものです。

・眠いときにしか寝床に行かない
・眠れなければ寝室を出る
・毎朝同じ時間に起きる
・日中はなるべく昼寝はしない（若い人は長くても20分まで、高齢者は30分まで）

次に「睡眠制限法」とは、布団の中にいる時間で徐々に質のよい睡眠を増やす方法です。「刺激制御法」と組み合わせておこないます。

・睡眠日誌をつける
・布団の中にいる時間を平均睡眠時間＋15分にする
最初は布団に入る時間がかなり遅くなる
・起床時間は毎日一定にし、就床時刻を徐々に遅くする
睡眠効果（実質睡眠時間÷床上時間×１００）が85％以上になったら目標睡眠時間を15分増やす（布団に入る時間を前倒しにする）

よく言われる「眠れないときも布団に入っていると疲れがとれて、やがて眠くなる」というのは人によっては逆効果で、不眠症には、いま掲げたような質のよい睡眠を増やすための非薬理学的方法がおこなわれます。

悪夢の認知行動療法のさまざまな技法

成人の悪夢に対する非薬理学的方法は、そのほとんどが認知行動療法の技法です。人は現実で起こった出来事をそれぞれが主観で解釈します。その解釈の枠組みが「認知（思考）」で、感情（情動）や行動、ひいては身体症状（生理反応）を決めていきます。

たとえば、否定的な認知、つまりとらえ方の枠組みにネガティブな歪みがある場合は、感情には抑うつや不安、行動には引きこもりなどの消極性、また身体症状として不眠や食欲不振、腹痛などが起こります。

そこで、解決の枠組みを現実に修正していくことでこれらの症状を減らそうとするのが「認知行動療法」です。

認知行動療法の技法として身近なものに、悪夢のもととなるストレスへの対処と夢日記のすすめ（セルフモニタリング[67]）と、寝る前のリラクセーションがあります。

まずは夢日記を利用して夢のセルフモニタリング（自己監視）をおこないます。

悪夢のイメージから、夢をみた方の認知、感情、行動のパターンをとらえ、自己理解を促します。また夢のセルフモニタリングの中で認知の歪みを特定し、修正を加えます。入眠前には筋肉を弛緩させるリラクセーションをおこない、その時点の不安感情を下げることで悪夢を減らすことに役立てます。

私は悪夢の治療のなかでは、イメージを使った技法に関心があります。その理由は、悪夢をみないようにするポイントが、現実のストレス対処、イメージ上でのストレス対処にあるからです。そしてイメージを使った技法[65]には、本書でも何度かご紹介している「イメージエクスポージャー法」、「イメージリハーサルセラピー」、さらに「明晰夢」のほか、次にご紹介する「ＥＭＤＲ」があります。

目玉キョロキョロ療法（ＥＭＤＲ）と夢

精神医学でトラウマを解消する方法に、ＥＭＤＲ（Eye Movement Desensitization and Reprocessing：眼球運動による脱感作（だつかんさ）および再処理法）があります。臨床心理学者のシャピロが一九八九年に開発したもので、トラウマイメージを想起させながらセラピストの指を追視する手続きによって、眼球運動による脱感作をする技法です。

夢に対するイメージエクスポージャー法であるＥＭＤＲのプロセスは、ＰＴＳＤによる悪夢症状に対するＥＭＤＲ法と共通していて、イメージエクスポージャー法の変形応用といえます。

人が恐怖を感じるような場面で、不安・緊張・恐怖と同時に生起しえない反応、この場合には眼球運動を拮抗させることでネガティブ感情を低減させることを狙いとします。レム睡眠中の悪夢での苦痛な体験の記憶処理を進めることで、苦痛なイメージが和らぎ、ぼんやりとして思い出さない状態になります。またＥＭＤＲにはレム睡眠と類似した情報処理プロセスがあるのではないかとも指摘されています。

このトラウマの治療に効果を上げているＥＭＤＲと、睡眠中の急速眼球運動との間に関わりがあるかもしれないから検討したいと考えたのは、私が大学院生のときです。

レム睡眠中の目の動きは、起きているときには自然に起こらないほど素早く、ＥＭＤＲのときにおける眼球運動も同様に早いので、まずそこは似ています。これは、たとえばＰＴＳＤの方の悪夢のときもレム密度が高いことから、夢のネガティブ情動や鮮明性の指標でもあると思います。

私は情動の処理をレム睡眠中に一生懸命やっているのではないかと推測していました。ところがPTSDの患者さんはあまりの悪夢に覚醒水準が上がりすぎて、中途覚醒してしまい、睡眠そのものが中断されて、ひどい不眠に悩んでいます。そのときは「情動情報過多仮説」と名づけて説明しようとしていました[2]。

つまり、中途覚醒してしまうということは途中で処理がストップするため、感情の制御はできないし、ふたたび悪夢をみてしまうのだと考えたのです。

一方でPTSDの治療法としてのEMDRは、日常のフラッシュバックも悪夢も減るなど奏功しますが、その機序（メカニズム）が明確でないものが多いのもたしかです。しかしEMDR法の創始者であるシャピロ博士が「不安を脱感作する眼球運動」をコンセプトにつくった治療手続きなので、途中で止まっているトラウマの処理を、起きているときに足してあげるものと想像していました。

これには左右の急速眼球運動の操作だけではなく、左右の音声入力やタップなどの方法も使われていますが、同時に目が動いているかどうかはくわしく知りたいところです。

EMDRのメカニズムは完全にはわかっていないのですが、トラウマの記憶に治療的なエビデンスがあります。左右の眼球運動の代わりに、左右のタップでもOK。その後いろんなバリエーションが開発され、子どものPTSDの治療にも使われています。

薬物療法と同等の評価を持つイメージリハーサルセラピー

イメージリハーサルセラピー（IRT）は、アメリカでは一般的で米国睡眠医学会の格付けではナンバーワン、薬物療法と同等のレベルA評価を有する認知行動療法です[65]。カナダのブリティッシュ・コロンビア州の公立病院では小学生以上の悪夢への保護者対応法としてIRTが紹介されていましたが、日本ではまだあまり知られていません。

イメージリハーサルセラピーでは、まず悪夢の書き出し（エクスポージャー）をします。その後どのように夢の展開を変えたいかを考え、〝いい夢〟の書き出しをします。どの部分から筋書きを変える（リスクリプトする）かは、「最初の設定から」「物語の中盤から」「終盤だけ変えるもの」「ストーリーを変えずに結末をつけ足すもの」とバリエ

図21　アメリカ睡眠医学会
成人の悪夢に推奨される非薬理学的治療法の効果[65]

推奨のレベル	治療技法	特発性の悪夢	心的外傷後の悪夢
Level A	イメージリハーサルセラピー(Krakow et al.,1993)	◎	◎
Level B	系統的脱感作法	○	
Level B	漸進的筋弛緩法	○	
Level C	明晰夢(LaBerge, S. ,1987)	△	△
Level C	エクスポージャー、リラクセーション、再構成法の組み合わせ	△	△
Level C	EMDR(眼球運動による脱感作と再処理法)(Shapiro, F. ,1989)		△
Level C	催眠		△

ーションがあります。

ポジティブな夢の結末の筋書きでよく出てくる例としては、「闘争して勝ち取る」「自分の意見や希望をきちんと主張する」「相手と和解する」「赦(ゆる)す」「他者からの援助を受ける」といったものが典型的です[68]。

こうしていい夢のストーリーができあがったら、イメージリハーサルをおこないます。だいたい15分ぐらいでできるかと思いますので、みなさんも目覚めたあとにやってみてはいかがでしょうか。毎日繰り返すことで、覚醒時に認知的な対処のシミュレーションをやっていることになります。

イメージリハーサルセラピーの4事例

日本の国立大学の3年生と4年生の21名が『夢と睡眠の心理学』の授業のなかで、イメージリハーサルセラピーの心理教育を受講したあとにワークに参加しました。

学生たちには、印象に残っている悪夢のなかであまり脅威でなく、容易に筋書きを変

図22　イメージリハーサルセラピー[IRT]の実例(4事例)[68]

	見た夢	その夢に関連する出来事	IRT後の夢の筋書き
事例1	自分のせいで部活の大会の試合の最後で負け、皆に冷たい目でみられ「お前のせいで負けた」と責められる。自分は泣きながら逃げ出した。	実際にあった出来事。申し訳ないと思ったが、先輩たちが怖くて謝れなかったことが心残りだと思った。	試合が終わった後、全員で整列して挨拶をする。先輩や応援してくれた人からお疲れ様と声をかけてもらう。
事例2	母校の中学校で友人5人とゾンビに追いかけられる。銃で撃ち続けながら逃げているが、友人1人ずつ殺されて自分1人になる。死んだら楽になるのにでもあきらめたくないという葛藤。もうすぐゾンビの手が届くところで目が覚めた。	中学では部活でレギュラー、高校では結果を残せずレギュラーではなかった。やめたいがあきらめたくない気持ち。練習をしなければいけない義務感との葛藤があったことを思い出した。	友人と生きたまま安全な場所に逃げ切る。
事例3	高校生の時の家や学校の机の上に1mの高さで本を重ねていた。自分の頭の上にも何冊かあって重い印象。半月の形の暗いドアがあって自分と本を吸い込んだ。何回もぐるぐる回りそのドアの底に落ちたら大学の不合格通知があって泣いて目が覚めた。	高1の時に、学業成績が上がらず、家族の期待とプレッシャーを感じていた。涙がでてすっきりした気持ちもあった。	穴に吸い込まれたあとに底に座って、ドラえもんの助けを求める。ドラえもんの未来の道具を使ってドラえもんと一緒に楽しい旅にでて、本を倒したりする。
事例4	「どうぶつの森」のキャラクターのような自分がいる。はじめはゲームをするようにそれを操作していたが、気づいたらそのキャラクターになって、うまく自分を操ることができずゴールもわからずどんどん森の中みたいな少し気味の悪い方に行ってしまう。	仮眠中の夢。小学校の時にはまっていたゲーム。ダンスのリハーサルで、自分の踊りに納得がいかなかったが、時間と体力の限界でやむを得ず帰った。リーダーとしてチームのメンバーの力を引き出せず先生に厳しい言葉を言わせてしまったと悩んでいた。	森を突き進んでいくうちに自分自身をうまく操れるようになっていき、気味の悪い森の終わりが見える。

えやすい不快な夢を取り上げ、①その夢の詳細、②その夢に関連していると思われる出来事、③リスクリプトされた夢の筋書きを自由に記述してもらいました。

書き換えのタイミングと筋書きは多様であり、自分にとって正しいと感じるストーリーにどのようにでも変えてよいと教示しました。

ひとつ目の夢（事例1）は、過去の部活動での悲しい記憶の夢を取り上げていただきました。私たちは人生のなかで心残りな出来事、とくに罪悪感を抱くような過去の出来事のひとつやふたつはあるのではないでしょうか。

しかし今となってはもうどうすることもできないようなことでも、イメージリハーサルのなかでは、「相手に謝る」ことができて、「相手からも温かい声をかけてもらった」というようなストーリーで終えています。

ふたつ目の夢（事例2）は、典型的な「追いかけられる夢」です。

ゴジラや鬼などの怪獣・怪物も多いですが、ここではときどき出てくるゾンビです。

近年またゾンビ映画の人気が復活していますので、メディアの影響を受けて、みなさんのなかでも、みていらっしゃる方も多いのではないでしょうか。この夢では、「友人も自分も生き残り、安全な場まで逃げ切る」イメージを付け加えたわけです。「この夢をなぜみたか」についての自己分析では、「中学」と「葛藤」という点で、中学時代の部活のエピソードを思い出してくださいました。「部活で結果を残せなくてやめたい気持ちと、あきらめたくない気持ちや義務感」の葛藤と、夢の中の「ゾンビにつかまって死んだら楽になるけれど、あきらめたくない気持ち」の葛藤が共通しているということでした。

3つ目の夢（事例3）は、成績不振が夢の中の「机の上に1メートルの高さで本を重ねていた」や「頭の上の本の重さ」にダイレクトに現れています。そして「ドアの中に吸い込まれた」が、イメージリハーサルのなかで「ドラえもんに助けてもらい、旅を楽しんで本を倒す」など、ファンタジーの中でその状況を克服しています。

実際、この方は受験を乗り越えて晴れて大学生になっているので、過去の自分と距離をとってみている様子が伝わります。

4つ目の夢（事例4）は仮眠中の夢ですが、とても人気ゲームの影響を受けています。夢の中で「自分自身もゲームのキャラクターになるが、うまく操作できない」ことと、「ダンスの動きが納得いくものではない」「リーダーとしてのマネジメントが納得いくものではなかった」という点が類似しています。

そしてイメージリハーサルをおこなうなかで、「自分自身のコントロールが次第に可能になり、気味の悪い森の終わりが見えてきた」とイメージをポジティブに変化しています。

繰り返しみる悪夢がなぜ起こるかのメカニズムについては、「不安」などのネガティブな感情が関わり、次のように説明されています[69]。

寝る前の「状態不安」が高いと、記憶のなかで「悪夢のスクリプト」、つまり、その人の中で決まった悪夢の筋書きへアクセスしやすくなります。そして、日中経験した出来事や情報などを整理する過程で「悪夢を構成する要素」とそれらの情報が「似ている」と判断すると、「悪夢が再現」されるのです。

ですから、イメージリハーサルによって、起きたあとに悪夢の筋書きをリスクリプト（書き換え）することで、「似ている」という判断が起こらなくなり、「悪夢の再現」も起こらなくなる、つまり悪夢の頻度が減ることになります。

不可抗力の場面で遭遇したトラウマによる悪夢に悩まされている方々もいらっしゃると思います。寝ても覚めても同じイメージに悩まされることは「夢か現実か区別がつかなくなる」など、筆舌に尽くしがたい心理的苦痛をお感じのことでしょう。

悪夢の治療については薬物療法と同時に、このような有効な心理学的方法も検討されていますので、悩まれている方はぜひ主治医にご相談ください。

トラウマの克服に向けて、イメージリハーサルで新しいイメージを浮かび上がらせることができる自分も大事にしていただければと思います。

ここまで悪い夢のポジティブな書き換えを4つご紹介しました。

悪い夢のネガティブな感情を引きずって起きるよりは、ポジティブな筋書きに書き換えたほうが、「安堵」「喜び」などのポジティブな感情で一日をスタートすることができますので、それだけでも私たちの心の健康にとってよさそうです。

たかが夢とお考えの方もいるかもしれませんが、現実生活のなかで起きているときの「私」と、睡眠中の夢の中の「私」は連続しています。ですから、私は残りの研究者・臨床家人生のなかで、悪い夢をみることを減らすのみならず、「夢を使って心の健康を高めること」の可能性を示し、お子さんからご高齢の先輩たちにまで普及させていきたいと考えています。

さらには夢でさまざまな心と体の不調をとらえ、病気を予防することができたら――と強く思っております。これは私の研究者としての「夢」です。

第6章 「夢」の研究——歴史と最前線

夢研究の歴史【紀元前】――精神科医的なアプローチの萌芽

紀元前の古代ギリシャの哲学者たちも夢に関心をもっていたことがわかっています[11]。たとえば、同国のもっとも著名な哲学者の一人であるアリストテレスは「記憶と睡眠と夢の関係」に関心を寄せていました。

そしてまた医学者のヒポクラテスは「病気の兆候と夢の関係」を、また同じく医学者ガレノスも、治療にあたって、患者のみた夢と自分の夢の情報を大事にしていたとのことです。

現代における心の治療に関する精神科医、心理カウンセラー的な関わりの萌芽がこの時期からすでにあったのだと感動します。

さらには当時、ギリシャ神話の医学神アスクレピオスを祀(まつ)る「アスクレペイオン」という神殿が設けられ、病気の治癒を願う信者の巡礼地になっていたとのこと。夢の中にアスクレピオスが現れたら、病気が治癒できると信仰されていたようです。

夢研究の歴史【19世紀後半】――心理学の誕生

一八五〇年代、フランス人医師ルイ・フェルディナンド・アルフレッド・モーリーが「環境からの感覚刺激」がどのように夢に取り込まれるかを調べるため、睡眠中に各種感覚刺激を与える実験をしたことが知られています。

現代でも、救急車のサイレンや、つけっぱなしのテレビの音声情報、スマートフォンのバイブレーター、親が焼く魚のにおいなどが夢を誘発し、夢のストーリーに取り込まれた体験はみなさんにもあるのではないでしょうか。

同時に「身体内部の感覚刺激」も夢に影響を与えます。

たとえば、痛み、疲労、渇き、尿意、温冷感覚、息苦しさなどです。風邪をひいて熱が出たときに決まって同じ筋書きの夢をみるという人もいます。これは身体的感覚と夢のイメージが結びついていることによるものです。

睡眠時無呼吸の患者は、そのまま「呼吸できない夢」「首を絞められる夢」をみるわけではありませんが、恐怖や苦悶の夢、不愉快な夢、感情をともなわないぼんやりした夢をみることが多くなります。

また、身体的な状況との結びつきで繰り返しみる夢もあります。

「おぼれる夢をみる」という10代の男性がいました。話を聞いてみると水泳部に所属していました。心理的なストレスがあるのか尋ねると、「部活は楽しい」とのこと。しかし鼻炎で通院加療中とのことで、鼻づまりの状態がおぼれるときの身体感覚と結びついているのだと理解しました。鼻炎が治ればきっとこの悪夢は減ることでしょう。

具体的に、温冷感覚がトリガーになった夢の実例をいくつかみてみましょう。

〈夜も蒸し暑く、窓を開けて寝たら足が冷えたことでみた夢（40代女性Tさん）〉

急いでU先生が船長の船に乗る（出航に間に合った）。船は豪華で、温かい美味しそうなお料理が並んでいる。ホタテのクリーム煮（グラタン？）が印象的。突然船からボブスレーに乗り替わっている。大氷原を高速で滑り降りる。疾走感があった。

Tさんの夢は、豪華客船の温かいお料理から、大氷原をボブスレーで滑り降りるという、温度感覚の変化を示しています。具体的には、蒸し暑さから寝冷えへの変化があったことで、「ホタテのクリーム煮」などの温かい食べ物から一転、大氷原を滑降するボブスレーのシーンへと夢の変化となってあらわれています。
実際、足やお尻が寒かったのでしょうか。窓を開けていたということですから、風を感じてすべり落ちるという運動感覚があったのかもしれません。また、当時映画の『タイタニック』や『クール・ランニング』などが大ヒットしていたのかなとも連想しました。

〈熱帯夜にパラリンピックの聖火のニュースをみてから寝たら、みた夢（40代男性Vさん）〉
かまくらのような閉じた空間で、オリンピックの聖火にストーブのような青白い炎がついていて、濡れたTシャツを乾かしている。子どものころ冬にストーブの周りの檻（おり）のような囲いに洗濯物を干していた記憶がよみがえった。

Vさんの夢は、東京2020オリンピック・パラリンピック競技大会が開催されたころ、メディアの影響を受け、寝る前にパラリンピックの聖火のニュースを見たことがトリガーとなって「ストーブ」が現れているようです。

そして熱帯夜で寝汗をかいていたことが、「濡れたTシャツを乾かす」という夢の筋書きを生み出しています。

寝汗をかくような温度感覚と、就寝前に見たパラリンピックの聖火の情報が結びつき、寝汗をかいて湿った寝具から、濡れた洗濯物を乾かすストーブへと、そして、パラリンピックの閉会式での聖火を囲むデザインから昔のストーブを囲む柵へと連想が続いています。


さて、話は戻って19世紀後半、私が専攻する心理学が誕生しました。

ドイツのライプチヒ大学に心理学実験室が開設されたのが一八七九年になります。心理学は精神物理学の手法を参考に、刺激を与えたときのわれわれの主観的な反応を測定する試みに着手していました。

夢研究の歴史【20世紀初頭】——フロイトの「夢の願望充足仮説」

この時代まで、夢は睡眠にくっついて起こる付随物のようにとらえられ、夢の働きについては積極的な意義を認める研究は少ししかありませんでした。

そんな時代に、精神分析学の始祖であるフロイトは「夢は無意識への王道である」と唱え、夢をみる人の無意識下の心の働きを示す資料として取りあげました。

フロイトは、現実生活のなかで満たされない願望に着目し、それが夢に現れるのだと考え、「夢の願望充足仮説」を提唱しました。

この説においては、みなさんも納得する夢があるかもしれません。

たとえば二〇二〇年にあっという間に世界的パンデミックを引き起こした新型コロナウイルスにより、緊急事態宣言中は厳しい自粛生活を余儀なくされました。感染不安や病、死に関するパンデミック・ドリームの報告はもちろんありましたが、緊急事態宣言中でも会食や交友関係などパンデミック終息後の楽しいイベントの夢をみている方もたくさんいたことはご紹介したとおりです（１７２ページ）。

このように「現実にはできないことに対して、夢みることで心を満たす」というのは納得がいきます。とはいえ、悪夢を繰り返しみることを「夢の願望充足仮説」で説明することは難しかったようです。その後のフロイト的夢解釈の批判はそのあたりに集約されています。

さらに、その人の過去体験や現在おかれた状況を遡って夢との因果関係を推測することの科学的な検証が難しく、精神物理学の実験室実験からスタートした実験心理学と、精神分析学的な夢研究とでは少し相性が悪かったようです。

フロイトはもともと解剖学者でしたが、夢の理論は臨床活動から生まれたものでした。患者さんとの対話、精神分析のプロセスのなかで、生きるための基本的な欲求をもとに夢を解釈していきました。この手法が、夢の分析のなかでどの欲求を重視するか、夢に登場するどのシンボルを重視するか、現実と夢の相補性(そうほせい)をどう重視するか——など、さまざまな考え方の発展を引き起こす母体となりました。睡眠中のイメージである夢をもとにその解釈をすることで、夢みる人の人格的な成長を促せると考えたわけです。

おもしろいのは、20世紀半ば、心理学者が夢を避けた時期に「超心理学」が欧米で流行って、夢のＥＳＰ体験、自然災害の予知などへ関心が高まった現象を、考古学と人類学が専門のジャーナリストであるアリス・ロブが報告[11]していることです。実際にこの時期、精神分析学はアメリカで大成功を収めました。

一九四〇年代に入り、心理学の分野からは、カルヴィン・ホールとロバート・ヴァン・デ・キャッスルが登場し、定量的に夢を測定する歴史をつくりました。

現在でも夢の語りや記述を分類しながら数量化する方法のひとつとして「ＨＶＤＣ（Hall/Van de Castle Coding System）」が使用されています。夢を定量化することで、その時代ごとの普遍的な夢のテーマや頻出するテーマの変化はもちろん、文化における共通性や違いを理解していくことが可能になっているのです。

夢研究の歴史【20世紀半ば】——レム睡眠の発見

一九五〇年代に入ると、夢研究の歴史も大きく変わりました。

第１章でも述べたとおり、シカゴ大学のユージン・アゼリンスキーがクライトマン教授の指導のもと、博士論文を書くために取り組んでいた睡眠実験から、偶然の副産物としてレム睡眠（急速眼球運動をともなう睡眠）を発見し、睡眠中の思考活動を生理学的な手法を使って調べる研究がスタートしました。

夢という心理的体験が生じる睡眠のメカニズムを、大脳生理学の観点から調べることができるようになったわけです。

38ページでも少しふれましたが、一九五〇年代のうちに、ナサニエル・クライトマンとウィリアム・ディメントは五つの睡眠段階、すなわちレム睡眠と、第一段階〜第四段階のノンレム睡眠を明らかにしました。

いわゆる浅い睡眠はノンレム睡眠の第一段階と第二段階、また深い睡眠はノンレム睡眠の第三段階と第四段階としました。なお、最近ではノンレム睡眠の第三段階と第四段階を合わせて第三段階と考えているようです。

ところがレム睡眠は浅いか深いかで分けられるほど単純ではありませんでした。

一九五〇年代から一九六〇年代にかけて、動物を用いた睡眠実験を試行した前出のジュヴェは、レム睡眠中に「覚醒時に近いレベルで活性化する脳」と「眼球運動以外は、筋肉が弛緩して身体が動かなくなった状態」のギャップを見て、レム睡眠を「逆説睡眠」と名づけました。

レム睡眠中に活性化した脳が、イメージが連鎖する夢を生み出します。ジュヴェが提唱したとおり、通常の夢の中では夢をみているとは気づかないので、その夢のイメージどおりに体が動いてケガなどしないように、筋肉が弛緩して動かないような状況になっていることは理にかなっています。動かないから安全に夢をみられるわけです。

第3章で、夢に合わせて体が動いてしまう睡眠障害として、「レム睡眠行動障害」をご紹介しましたが、ジュヴェは人為的に「レム睡眠行動障害」の状態にした猫をつくり、夢の内容を行動化させて観察することで猫の夢の内容を調べていました。猫から夢の言語報告をもらうのは難しいのでよく考えられた研究方法です。

ジュヴェの一連の研究に関しては、睡眠学者の北浜邦夫（きたはまくにお）が著作で紹介しています。

一九六〇年代から一九七〇年代に前出のディメントは、夢をレム睡眠中の体験と定義して研究を進め、一九七〇年代後半にハーバード大学の神経科学者アラン・ホブソンと精神医学者ロバート・マッカーリーが、脳幹をでた信号により急速眼球運動が生じ、それによって視覚野が活性化して情報の合成をするという、いわゆる「活性化―合成仮説」により、夢の生起メカニズムを説明しました。

夢に関する生理学的、神経科学的アプローチは実験心理学の立場からは受け入れられやすく、日本でも睡眠心理学の研究報告の増加につながっていったと考えられます。

夢の神経科学モデルを支持するホブソンの研究グループは、フロイトの精神分析的夢解釈を徹底的に批判しました。

神経科学のモデルにおいて彼らは、フロイトが主張するように、夢が病理的な欲求を解放するために必要な存在ではなく、思考や感情を潜在的というよりは顕在的な形で表現している現象であると考えます。

夢特有の思い出しにくく忘れやすいという特徴も抑圧によるものではなく、「セロトニン・ノルアドレナリン」の分泌が低下し、作業記憶を司る前頭葉の背外側部の機能が低下するためであるとしました。

また、深層心理を隠すために夢は加工されているのではなく、睡眠中の記憶情報の結合に関しては神経科学的に説明可能であると批判しました。

これはつまり、彼らの批判の中心になった悪夢に関しても、われわれのマゾヒズムを満たすために繰り返しみるのではなく、日常で体験するストレスフルなライフイベントや、時にはトラウマとなるような深刻な体験の記憶情報の処理として起こると考えたほうが説明しやすいということです。


一九八〇年代は、レム睡眠の中で、どのように記憶情報の処理がなされているかということについて考えられてきました。

日中、脳にインプットされる膨大な情報のうち、重要度や緊急度、優先度について、睡眠中に情報を弁別して整理し、重要な情報の場合には記憶を固定し、それほど重要でない情報は消去するなど、夢の情報処理モデルがいくつか出てきました。

睡眠中は新しい情報がほとんど入ってこないので、いわゆるオフライン処理で作業に集中できるわけです。

現代においてわかっている知見では、睡眠科学者のアントニオ・ザドラとロバート・

スティックゴールドが次のように総括しています[70]。

「夢は睡眠段階ごとに異なる対象の処理を担当していて、レム睡眠は強い情動をともなう記憶の処理を担当し、脳が保管庫に移す記憶の選別をはじめるのは前半のノンレム睡眠であり、深夜のノンレム睡眠の第二段階は運動記憶、そしてノンレム睡眠の第三段階は言語記憶を担当している」

一九八〇年代の終わりには、モントリオール大学のトーレ・ニールセンが「夢のタイムラグ効果（Dream-lag effect）」を報告しました（１３８ページで紹介）。

日中インプットされた情報は、当日に夢のトリガーとしてよく登場しますが、翌日以降は夢への登場が半減し次第に少なくなっていきます。

ところが、なぜか6、7日たつと、ふたたび夢にその情報が鮮明に登場する現象が確認されました。これはつまり、睡眠中に人間の短期記憶は海馬から大脳皮質に転送され、長期記憶に保存されるので、記憶の固定に約1週間の時間がかかるということです。

私は最近アーティストの方のみる夢に関心をもって調査しているのですが、詩人の方の夢日記に、新年の初夢として忘年会が出てきたことが記録されていました。文字どおり夢のタイムラグが発生したわけです。

また、高校生や大学生から「一夜漬けの効果」について質問を受けることがあります。その場合は、「一夜漬けはまさに一夜しかもたないから、受験勉強に役立てるためには、情報をたくさんインプットしたあとにこそ、しっかり睡眠をとって、長期記憶に保存したほうがいい」と説明しています。

この性質を利用して、トラウマ的な出来事に遭遇したあとに、PTSDの発症を防ぐなら、むしろ眠らないという選択もあり、精神医学の分野では断眠療法も提案されています（157～158ページ参照）。

夢研究の歴史【21世紀初頭】——神経科学の研究の発展

夢の大脳生理学の研究から70年あまり経ち、神経科学の研究の発展が続いています。ホブソンの弟子で前述のハーバード大学の精神医学者ロバート・スティックゴールドがその代表的な研究者です。

最近の流行は、ＤＭＮ（Default Mode Network：デフォルト・モード・ネットワーク）と呼ばれる無意識下で活発になる脳の神経活動と夢見の関係です[71]。

ＤＭＮのなかで、緩やかに記憶の整理、連想、反芻（はんすう）思考、自己関連づけ、ひらめきが起こり、そのときに関与する脳の部位（内側前頭前皮質、腹側前部帯状回、後部帯状回、下部頭頂皮質、内側側頭皮質）とそれらの連携が明らかになっています。

覚醒時の脳波について、ガンマ波（30Ｈｚ以上）が出るのは、注意を集中し、意識的な問題解決をはかり、洞察して回答を導き出すとき。ベータ波（14～30Ｈｚ）が出るときは、なんらかの負荷がかかり活動しているとき。アルファ波（8～13Ｈｚ）はリラックスした状態のときや、これから眠りに落ちるまどろみのときに出現します。

同様に、浅いノンレム睡眠ではシータ波（4～7Ｈｚ）が出現し、記憶情報処理を促進するため記憶力が高まり、さらにひらめきなどの直感力も増すことがわかっています。

深いノンレム睡眠で出るデルタ波は、体内の再生、修復に貢献しています。夢から目覚めた直後のほうが覚醒時より言語連想が豊かであり、夢の中では弱い連想ネットワークで情報同士が結合する、あるいは関連はあるが遠い関連であったりするので、睡眠中のＤＭＮが夢である、とする考え方もあります。

こうした考え方に基づき、瞑想時にも起こるＤＭＮによって、明晰夢をみやすくなるという研究もありますが、とても納得がいきます。

クリエーターの川田十夢(かわだとむ)さんが、六本木未来会議のインタビューで、寝る前はアイデアを考えているけれど、寝て起きたら悩みが解決していることも多いことや、現実と夢のはざまのまどろみにいるのが好きとおっしゃっていました。まさにこれがＤＭＮの思考です。

また、スペインの画家フランシスコ・デ・ゴヤにより18世紀末に制作された版画「The Sleep of Reason Produces Monsters」という作品があります。

その作品は寝ている人の背後のイメージの世界に、コウモリやフクロウ、オオカミなどが描写され、少し悪夢的な雰囲気があります。

この作品と背景となる社会事情との関連は私にはわからないのですが、タイトルから想像すると、理性にコントロールされない睡眠の状況下、つまりＤＭＮで生み出されたイメージがもととなって、それを思い出し、理性的に作品として表現することで新たな芸術となっていくということなのかなと考えました。

夢の神経科学研究が全盛だった時代に、ホブソンの研究グループとは異なる観点から、神経科学的研究を進めた研究者に、南アフリカの神経心理学者マーク・ソームズがいます。

脳の損傷がない健康な人でもまったく夢をみない人が0・5%とわずかにいますが、ソームズは、脳の損傷を受けた前後の患者さんの夢見の変化、たとえば、受診後に夢をまったくみなくなったなどを丹念に調べていきました。

その結果、脳幹が損傷しても夢をみつづける症例を発見しました。これはホブソンの「活性化―合成仮説」と矛盾する知見です[72]。

そして夢見が完全になくなる患者さんは、前頭葉基底部か頭頂葉のどちらかが損傷しているということも発見しました。これら夢見がなくなる部位は「基本的欲求」、つまり、本能、嗜癖などの欠乏欲求と関係していることから、夢は強く動機づけられ、感情に突き動かされた認知プロセスだと認識しました。

本能説といえば、一九〇〇年初頭のフロイトの「夢の願望充足仮説」を思い出します。

前出した神経心理学者のソームズは、フロイト理論を神経科学の立場から再検討する「神経精神分析学」を提唱しています。

この学問を支持する意見として、「フロイトは脳科学を離れて、精神分析学的アプローチを採用したが、その後テクノロジーが追いつけば仮説検証できると考えていたため、脳波、事象関連電位、脳磁図、CT、MRI、PET、f-MRIの測定が発展した現代ではいくつかの仮説の傍証（ぼうしょう）ができるのではないか」と考えられています[70]。

ソームズの一連の臨床研究からは、脳に障害があって悪夢をみる患者さんについての観察において、側頭前頭辺縁系の損傷によって悪夢をみがちになることや、脳幹の損傷による脳脚（のうきゃく）幻覚症の患者さんが、著しく鮮明な夢に苦しめられたり、暗所で幻覚をみたりする、といった研究報告があります。

これらの悪夢はどう治療すればよいのでしょうか。

一般的な心理相談では、脳の損傷が原因ではない悪夢を減らすための臨床実践に取り組んでいます。ところが、大脳生理学・神経科学的な知見は悪夢治療には直接的に応用できないことも多く、この場合は薬物治療が主体となります。

そのほか、ストレスやトラウマによる悪夢の治療には、イメージリハーサルセラピーなどの心理療法があることも先に述べたとおりです。


また、神経解剖学者のブラウンやマケットは、それぞれ睡眠中の脳の活動を調べるPET研究を行っています。PET画像によれば、「ノンレム睡眠は大脳すべての領域で機能低下する一方、レム睡眠は前頭前野の急激な機能を低下させるが、大脳辺縁系は活性化し、一次視覚野は機能せず、二次視覚野のみ活性化する」ことを示しています[73]。

これは、ノンレム睡眠中のイメージが乏しく、レム睡眠で論理的な思考は働かず、感情的な夢をみること、その映像は「一人記憶の映画館」であることと一致しています。

そしてまた、夢をみているときはなぜか〝おかしい〟と思わない理由については、「不安や抑うつを調整するセロトニンと、意識、認知活動を司るノルアドレナリンの分泌が、ノンレム睡眠時には半分になり、レム睡眠では停止されるため」と説明されているのです。

レム（急速眼球運動）の夢に果たす役割：走査仮説と対立仮説

急速眼球運動が夢に果たす役割として、次の2つの説があります。

1．夢でみているものを追いかけるから目（眼球）が動くという「走査仮説」
2．眼球運動が脳を刺激することで夢をみるという「対立仮説」

このようにレム睡眠中の眼球運動と夢の関係については論争が今も続いています。レム睡眠中の眼球運動は基本的には自動的、非意図的に起こっていると考えられていますが、意図的な眼球運動（サッケード）があり、対象物を見ている、凝視しているということを示唆する研究[74]もあります。

展開が多く、鮮明性の高い明晰夢と急速眼球運動の関係は、どちらの仮説でも説明できそうです。また「走査仮説」に対し、てんかん患者の実験データで支持を示した研究、「レム睡眠行動障害」の患者の行動と視線が一致していることを示す研究もあります。

これらは納得感がある一方で、明晰夢の中で通常意図的でなく起こるレム（急速眼球運動）のみならず、何かを見ているわけではなくとも意図的に目を動かし夢をみているサインを出すことができるという事実もあります[75]。

そのため、普通の人の睡眠中に起こる意図的ではないレムの役割や機能について、どちらかの説に断定するのは難しいと思います。もしかすると両方の仮説が同時に成り立つ可能性もあるのではないでしょうか。

夢の研究のこれから

夢をみている最中には、第三者にわかる形で夢という現象をそのまま取り出すことができず、目が覚めたあとの本人の記憶と言語報告によるしかないので、これまではダイレクトに解明が進みませんでした。

とはいえ、覚えている内容に焦点をあてるという研究手法で、みた夢の内容を脳画像から推測するという斬新な試みをして、夢を客観的に把握できる資料にすることをめざしている研究グループが日本にいます[76]。

第1章でも触れましたが、みている夢の内容を映像化し、第三者が確認できる客観的指標を測定できれば、夢の基礎研究と応用研究が大いに進むと期待されています。

そうなれば、ひと晩にみた夢すべてを思い出すことができるし、実際にひと晩の夢を5～6個思い出せる特異な方もいます。ただ、人に知られると恥ずかしい夢や、忘れてしまいたい夢もあるかもしれないのでなんともいえませんが、こうしたテクノロジーの進化は夢研究全般の進展への貢献が大きいといえるでしょう。

第7章　「夢」を自分に活かす

夢には自分を癒す力が秘められている

先述した東日本大震災で被災した方へのインタビュー記録[55]から、ある夢の報告をご紹介しましょう。夢の中で時間をかけて自然に、イメージリハーサルセラピーをセルフでおこなったかのような内容になっています。

この方は中学二年生のときに被災した男性です。震災当日に友人と別れたあと、その友人が亡くなりました。

そのとき交わした最後の会話、「財布を忘れたから、家に帰る」「わかった。じゃあ、俺はここで待ってるから」がいつも夢の中で再現されていたのです。

被災した日、友人に「自宅に帰るな」「行くな」と自分が言えなかったこと、その友人の母に「友人が自宅に戻った」と自分が伝えたことで、ふたりとも亡くなってしまったのではないかという罪悪感、つまり「サバイバーズ・ギルト」に悩まされていたことが語られています。

ところが、時が経ち、夢の中で一度だけその友人に「行くな！」と言えたことがあり、夢の中でその友人はきょとんとした顔をしていたというイメージが語られました。

彼にはいつもその友人が身近にいる感じがあったのだと思いますが、成人式の日に、いるはずのない友人の声で「よっ」と言われた幻聴のようなイメージ体験をしたことで、友人に自分が赦されたような気がしたと語っておられます。

このように、「現実生活の中で実際にできなかったこと」、そして「これからやり直すのが難しいこと」を夢のイメージの中で実施することで、自分を納得させ癒しておられることに、夢やイメージがもつ力を実感します。

よりよく生きていくために夢を活かすには

イメージリハーサルセラピーの効果についてはすでに述べたとおりですが、実生活においてもイメージの中で問題解決シミュレーションをすることにより、夢の中でもその問題を解決するためのシミュレーションがおこなわれやすくなると考えています。

われわれの生活の中でなかなか解決法が見つからない難しい課題には、論理的な解決を感情が邪魔する場合や、論理的に考えても解決が簡単ではない場合があります。

解決が難しいからこそ悩みになるのですから、DMN（211ページ参照）において、非現実的なイメージの世界で夢をみて、起きたあとにそれを自分なりに客観的に分析することは、困難な問題解決のためのひとつの有効な手段ではないかと思います。

ハーバード大学の心理学者、ディアドラ・バレットが一九九〇年代に実施したある実験[68]をご紹介しましょう。この実験は、夢で取り組みたい個人的な問題を取り上げ、寝る前に5分間その問題について考え、翌朝、夢の記録をとるという手続きでなされました。

夢の記録は2名の評定者によって判定されました。報告された夢の半分は個人的問題に関連した夢であり、4分の1は夢の中でその問題の解決まで展開されていました。つまり、夢のほうが現実より先に問題を解決する場所になっているということです[24]。

このように夢の中で問題解決のシミュレーションができればいうことなしですが、もし不満足な夢の結末でも、起きたあとにイメージリハーサルを足せばよいわけです。

さらにこれを繰り返していくと、睡眠や夢が心理的に安心できる〝場所〟になります。

不安などのネガティブな感情を低減する行動療法の古典的なリラクセーション技法でも、筋弛緩法や呼吸法とともにイメージを利用します。

「天気のよい日、青空の下、芝生の上に大の字で寝転ぶ」

「自分のベッドの中で布団に包まれる。家族の寝息が聞こえて安心する」

「真っ青な海にプカプカと浮かんでいる」

などです。

夢の中のみならず、実際に「イメージできる」ということは、われわれにとって大きな力になります。夢は睡眠中の心の状態の反映なので、心の状態がよくなれば夢もよくなり、またその反対に夢がよくなれば心の状態もよくなるということです。

相手にさりげなく夢の内容について尋ねることで、その人の心の状態や、悩みに対する問題解決のプロセスにおいて現状どの段階にいるのかを知り、手助けするための手掛かりにもなります。

ぜひ、ご家族やご友人に昨日みた夢を尋ねてみてください。

「夢日記」をつけるコツとその効能

これまでご紹介してきたように、夢は自分の心の調子を知るための指標となります。ですので、夢日記をつけることで心の状態のセルフモニタリングができるのです。

夢をよく覚えている人は、実際にみた夢を朝に振り返り、自分のその日の行動を調整しているようです。

私は夢を思い出したあとにすぐに記録をつけられるように、枕元に夢日記帳と鉛筆、録音用としてスマートフォンなどを置いておくことをおすすめしています。

起きたら、静かに目を閉じたまま記憶のまとまりを頭の中で一度反芻し、それから書き留めたほうがいいでしょう。夢の内容を忘れにくくなります。また、夢を思い出すときには、今まさに夢をみているかのように現在形で思い出し、記録することが大切です。

起きてすぐに書き留めたメモには書き間違いもあり、それをあとから読み返すことでおもしろい夢のイメージが連想され、そのほかの記憶が芋づる式に思い出されることもあります。

次に、夢日記を約1か月つけてみたWさんの夢を紹介しましょう。この方は週1～2回のペースで夢を覚えているようです。夢の内容は短めです。

〈夢日記つけてみた（早稲田大学マスコミ研究会Wさん）〉

5／20
中学時代の同級生と遊んでた。特段、仲が良かったわけではない。

5／22
高校受験をやり直し、福島女子高という高校を受験することになってた（なお、いま現在そのような名前の高校はない）。夢企画のアンケートにあった「大学受験をやり直す夢」が引っ掛かっていたのではないか。

5／23
何か月も見ていないサークルの人が結婚していて、Ｚｏｏｍで私と中継で話してた。うれしそうだった。

5／27

知り合いがＬＩＮＥの名前をルシファーにしてた。

６／13

中学時代の関わりが薄かった同級生が東大理Ⅲに合格してた。

６／14

15分遅刻して授業に出た。

６／15

マスコミ研究会の幹事長になったＹｏｕＴｕｂｅｒもりてつに仕切られた。

この夢日記からは「学校」と「受験」がテーマなのだとわかります。「中学時代の同級生」「サークル」「知り合い」「授業」のほか、夢企画アンケートの「大学受験をやり直す夢」に触発されて「高校受験をやり直し」（5／22）、「中学時代の同級生が東大理Ⅲに合格し」（6／13）、「予備校講師のＹｏｕＴｕｂｅｒに仕切られる」（6／15）といった夢をみています。大学に入学した直後、ちょうど五月病とむかし言われた時期に進路選択に関していろいろな想いを馳せているのかなと感じました。

夢を使って心の健康を高めるには

夢に関して、よく心理相談にくる方の相談例を分類してみましょう。

1. 朝起きたときに悪夢をみて、いやな気分で目覚める。
いやなことが起こる予兆ではないかと不安
2. 悪夢で飛び起きて、睡眠が十分にとれない
3. 悪夢をみすぎて、夢か現実かわからない

これらの対応策として、大きくふたつがあります。

対応A：悪夢の原因となる問題を解決する
対応B：悪夢に現れる認知を修正する――イメージの中でシミュレーションを試みてイメージリハーサルをおこなう

対応Aは直接的な解決法といえますが、即解決できるものばかりではありません。

対応Bのイメージリハーサルセラピーについては第5章でも詳しく述べていますが、いやな展開で終わってしまう夢についてはは「夢の書き換え」をおすすめします。

まず、夢をどんな展開にしたいのか、具体的にシミュレーションしてみます。そのためには夢のストーリーのどの部分から変更するかを考えるのが大事です。

結末を付け加えるだけの人もいれば、途中から筋書きを変える人、設定そのものを変える人もいます。さらにはストーリーを変えずに「とらえ方」を変える人もいます。

たとえば、「歩いていたら道がなくなり、先に進めない」という夢を書き換えるとしましょう。

対処法としては、「来た道を戻ると下駄箱に自分の靴が置いてあり、別の道があるのを発見した」「新しい道をつくる」「秘密の抜け道を友人が教えてくれた」「空を飛んでいくので道はいらない」など、自分に合う展開をつくり、寝る前にイメージするとよいでしょう。

良質な睡眠は脳をクリーニングする

良質な睡眠は、覚醒時の心と体の状態を正常に戻します。反対に、睡眠をはく奪するとさまざまな不具合やリバウンド現象が起こることから、睡眠学者のディメントは「睡眠を健全にしない限り、健康にはなれない」と述べています。睡眠は心身の健康の維持にとって必要であると推測されているのです。

ディメントは睡眠不足が数週間単位で慢性化する状態を「睡眠負債」と呼びました。こうした睡眠不足の悪影響は、免疫系の衰え、糖尿病、ガン、肥満、もの忘れの増加、老化の加速、性欲の減退、望まない脂肪の蓄積、アルツハイマー病、うつ病、心臓病のリスク上昇と、枚挙にいとまがありません。

脳の老廃物であるアミロイドβは睡眠中に脳脊髄液によって洗い流されるとのことで、夜間の良質な睡眠は脳のクリーニングをしているといってもいいかもしれません。

以上の研究結果などをもとに、認知症予防と睡眠の質向上の関係性などが夢の研究分野のホットなテーマになっています。

結局、何時間睡眠がベストなのか

私たちが必要とする適正な睡眠時間は何時間なのでしょうか。

ひとつの指標として、日中に眠気、パフォーマンスの低下、ネガティブな気分など不具合がでないために必要な時間であるといえるでしょう。49ページの「アテネ不眠尺度」⑰のなかにある6、7、8の質問の答えが（0）になる時間ということです。

さらに、睡眠が十分にとれる状況で、午前10時から11時の間に眠気がなく、カフェインの補給を必要としない——など、日中の不具合がない場合には睡眠負債がないといってよいでしょう。

OECD加盟国の平均睡眠時間は8時間25分ですが、世界の睡眠時間はアメリカ、アジアを中心に短くなってきており、なかでも日本は最短の7時間22分と、平均より約1時間も短いです。

こうした状況のなか、子どもから大人まであらゆる年代に睡眠の問題がみられます。

もともと睡眠が短くてもよい「ショートスリーパー（短時間睡眠者）」が日本に多けれ

ばいいのですが、そういうわけでもないでしょう。個人にとっての適正睡眠時間が不足している場合には、睡眠負債が積み重なっていくことになります。

睡眠不足が慢性化すると、寝不足の脳でものごとの判断をおこなうことになるため正確でなくなり、労働災害を引き起こすなど、社会的損失をもたらすリスクがあるのです。そのため、睡眠のパフォーマンスの客観的な測定が必要になります。

１４９ページの睡眠環境に関する項目でもお話ししたように、昨今、睡眠を管理するアプリが増えていて、機能も充実してきています。なかでも眠りの浅いタイミングでアラームが鳴って起こしてくれるものはいいですね。おすすめです。また、客観的に自分のいびきや寝言を聞いたり、レム睡眠とノンレム睡眠のリズムを確認したりするアプリもあるようです。いずれもとても重要なことで、睡眠障害の早期発見にもつながります。

交代勤務者の健康保持

次に、「『夢』を自分に活かす」という章タイトルとは少しズレますが、大切なことなので、睡眠と健康についてのトピックをいくつかご紹介したいと思います。

24時間対応の情報社会、グローバル社会となり、幅広い職種で夜勤を含む交代勤務者が必要とされる事業所が増加しています。

交代勤務者には、時差障害（時差ぼけ）と似た症状が起こります。時差ぼけになると最終的に現地時刻に同調する「外的脱同調」が起こりますが、交代勤務者においては常に勤務時間帯が変化するため、体温、メラトニンリズムなどの生体リズムがズレてしまう変化（内的脱同調）が発生します。これを「ソーシャルジェットラグ（社会的時差ぼけ）」といいます。

入眠困難、睡眠維持困難、熟眠感なし、眠気があるなど睡眠に関する訴えのほか、自律神経症状（めまい、立ちくらみ）や消化器症状（吐き気、下痢）が起こりやすくなります。そのため交代勤務者の雇用者側がなにより注意すべきは、人的災害、転倒骨折、交通事故等を引き起こすヒューマンエラーの抑止でしょう。

仮眠のとり方や夜勤明けの過ごし方の工夫、睡眠環境の調整など、交代勤務者の健康保持のため、さまざまな研究も進められています。

交代勤務に比較的適応力が高い人もいます。夜型の生活リズムの人（47ページ参照）、年齢の若い人、神経症傾向の低い人、外向性の高い人、交代勤務があっても平均睡眠時間が6時間を確保できる人です。

朝型か夜型かは遺伝子で決まる

自分が朝型か夜型かを知るためには、次の質問票により調べることができます。

「ミュンヘンクロノタイプ質問紙—日本語版」（https://mctq.jp）

実際、朝型・夜型のクロノタイプは300ほどの遺伝子の組み合わせで決まるので、努力によってショートスリーパーになれる見込みは少なそうです。

朝型のいわゆる「ヒバリ型」は午前中にもっともパフォーマンスが高まるタイプであるのに対し、夜型の「フクロウ型」は起床が遅く、動き出すまでに時間がかかりますが、夜遅くまで活発でいられるタイプです。

体内時計の個人差は大きいため、もちろん、時差ぼけ・社会的時差ぼけにも柔軟に対応できる人もいます。ちなみに私は、昔はいつでもどこでも眠れて時差ぼけにも強いことが自慢でしたが、中高年になり、その睡眠適応力が落ちてきたことを実感しています。

中高年女性の睡眠

オンラインで収集した睡眠のデータでも、男性より女性のほうが加齢による睡眠の質の低下が顕著です。

睡眠の質のみならず、睡眠効率（実際に寝た時間÷就床時間〔ベッドにいる時間〕×100）も同様で、子ども時代は100％で、思春期は90％くらい。ところが老年期になると、個人差は大きいですが70％台になります。入眠に時間がかかったり、途中で起きてしまったりしても布団のなかでゴロゴロしているイメージです。中高年とくに、更年期になるとホルモンの乱れから睡眠の質と効率がどうしても下がってくるのです。

不眠も更年期症状のひとつです。OECD加盟国の中でも日本は睡眠時間の短さで一番（NHK報道）でしたが、とりわけ40代、50代の女性は世界的にみても仕事と家事育児介護などの両立で睡眠時間も短く、中途覚醒が増えると嫌な夢を覚えてしまう確率も高まります。

悪夢は困りますが、本文で述べてきたとおり、飛び起きるような悪夢ではない夢を覚えていたときには、よりよい生活のために利用する気持ちで、学習、問題解決シミュレーション、創造的解決に活かすのがおすすめです。

夢なんか覚えていないくらいぐっすり眠るのがもちろんいいですし、「楽しい夢」をみたときは、「精神的な健康状態もよく、日中も睡眠中も問題がなくて私は大丈夫！」とポジティブに考えるといいでしょう。

第1章でも述べたとおり、日本人の平均寿命をもとにレム睡眠の割合を睡眠時間の20〜25％として計算すると、夢をみている時間は人生の6年〜7年半にも及びます。

女性、男性問わず、ゆったりした気持ちで夢とつきあい、心の健康のバロメーターにしてください。

夢の大部分を科学が説明してしまうと、この世界から魅力が失われてしまうかもしれません。しかし、科学的に解明されることによって得られるメリットも大きいでしょうし、悪夢の場合はいうまでもないことです。

さて、夢の材料ともなる「記憶」が私たち個人を特徴づけています。その材料に人間は意味を求めて、「私」という存在の意識的な確認を夢でしていると私は考えています。個人の培ってきた歴史が夢の中でセルフイメージをつくり、知識（情報）を集めることで、脳内の無意識のシステムが記憶を符号化し、意識との協働作業で人格が形成されるのです。

私は記憶を一本の川の流れのようにイメージしています。現実世界は過去からの流れが続いていて元に戻ることはできません。ところが夢やイメージの中では自由に行き来できますので、過去から現在、そして未来にいたるまで思いを馳せることができます。

また、これは人生の岐路で別の選択肢をとったときのイメージに対しても同様です。

つまり、われわれは夢という仮想時空間の世界と現実を同時に生きているのです。

ほとんどの夢は自分視点、一人称で語られます。

生きてきた体験のなかでもとくに重要視する「面」に焦点を合わせ、人生のナラティブ（物語）を形成することで、自分の夢の物語も発展していきます。

たとえ悪夢であっても、自由自在に行き来できる豊かな空間の〝自分〟から現実世界の〝自分〟へのメッセージとしてとらえ、夢が心と体の健康のバロメーターとしてあなたとともにあり、かつ将来の生活に役立つ指針として人生に活用できますように――。

私はこうした想いでこれからも研究を続けていくつもりです。人生の3分の1が眠っている時間であり、人生の15分の1が夢をみている時間です。せっかくの貴重な人生の時間ですので、読者のみなさんには夢を楽しんでいただけることを願っております。

最後に、本書を上梓するまで、パンデミックの影響やカナダ留学をはさみ、編集者の杉本透子さん、ワニブックスの内田克弥さんには多大なお力添えをいただきましたことに感謝申し上げます。

松田英子

【参考文献】

①Schredl, M., & Doll, E.（1998）. Emotions in diary dreams. Consciousness and Cognition, 7, 634-646.

②松田英子（２００６）.『夢想起メカニズムと臨床的応用』風間書房

③LaBerge,S. & Rheingold, H.（1990）. Exploring the World of Lucid Dreaming. New York: Ballantine. BALLANTINE BOOKS

④Roffwarg, H.P., Muzio, J.N., & Dement, W.C.（1966）. Ontogenetic development of the human sleep-dream cycle. Science, 152（3722）, 604-619.

⑤Foulkes, D.（1999）. Children's dreaming and the development of consciousness. Cambridge: Harvard University Press.

⑥北西憲二（２０１６）.『はじめての森田療法』 講談社（講談社現代新書）

⑦松田英子（２０２１）.『夢を読み解く心理学』ディスカヴァー・トゥエンティワン（ディスカヴァー携書）

⑧Okada, H., & Wakasaya, K.（2016）. Dreams of hearing-impaired, compared with hearing, individuals are more sensory and emotional. Dreaming, 26（3）, 202-207.

⑨エリエザー・J・スタンバーグ（２０１７）.『人はなぜ宇宙人に誘拐されるのか？ 自我を形作る「意識」と「無意識」の並列システム』竹書房

⑩Bértolo, H., Paiva, T., Pessoa, L., Mestre, T., Marques, R., Santos.R,（2003）. Visual dream content, graphical representation and EEG alpha activity in congenitally blind subjects.Cognitive Brain Research, 15（3）, 277-284.

⑪アリス・ロブ（２０２０）.『夢の正体―夜の旅を科学する』早川書房

⑫松田英子（２０２１）．『はじめての明晰夢　夢をデザインする心理学』朝日出版社
⑬マイケル・コーバリス（２０１５）．『意識と無意識のあいだ「ぼんやり」したとき脳で起きていること』講談社（ブルーバックス）
⑭マイケル・S・ガザニガ（２０１４）．『〈わたし〉はどこにあるのか　ガザニガ脳科学講義』紀伊國屋書店
⑮大熊輝雄（１９８６）．『夢であなた自身がわかる本』ＫＫベストセラーズ（日本と中国）
⑯松田英子・津田彰（２０１５）．『睡眠の個人差の理解と心理学的支援～眠りにまつわる問題解決のために～』．フィスメック
⑰Soldatos, C.R., Dikeos, D.G., &Paparrigopoulos, T.J. (2000) . Athens Insomnia Scale: validation of an instrument based on ICD-10 criteria. Journal of Psychosomatic Research, (6) 48, 555-560.
⑱In Hoffman,E. (ed.) . Maslow,A.H. (1996) ."Critique of self-actualization theory". Future visions:The unpublished papers of Abraham Maslow. Thousand Oaks,CA:Sage Publications Inc.
⑲マシューウォーカー（２０１８）．『睡眠こそ最強の解決策である』ＳＢクリエイティブ
⑳ショーン・スティーブンソン（２０１７）．『SLEEP　最高の脳と身体をつくる睡眠の技術』ダイヤモンド社
㉑アラン・ホブソン（２００３）．『夢の科学―そのとき脳は何をしているのか？』講談社（ブルーバックス）
㉒マーク・ソームズ、オリヴァー・ターンブル（２００７）．『脳と心的世界　主観的経験のニューロサイエンスへの招待』星和書店
㉓松田英子（２０１０）．『夢と睡眠の心理学』風間書房

㉔Barrett, D.（2010）.The Committee of Sleep: How Artists, Scientists, and Athletes Use Dreams for Creative Problem-Solving-- and How You Can Too.Oneiroi Press.
㉕「睡眠と夢のデータベース」（https://sleepanddreamdatabase.org/）
㉖「idreamofcovid」（https://www.idreamofcovid.com/）
㉗Mathes, J., Schredl, M., & Göritz, A.S.（2014）. Frequency of typical dream themes in most recent dreams: An online study. Dreaming, 24,（1）, 57–66.
㉘Horikawa, T.,Tamaki,M., Miyawaki, Y., & Kamitani,Y.（2013）. Neural Decoding of Visual Imagery During Sleep. Science, 340, 639-642.
㉙岡田斉・松田英子（２０１８）．大学生を対象とした悪夢の内容別頻度と強度についての調査.人間科学研究，40，１２１-１２９．
㉚Schredl,M. , & Göritz,A.S.（2018）. Nightmare Themes: An Online Study of Most Recent Nightmares and Childhood Nightmares. Journal of Clinical Sleep Medicine,14（3）,465-471.
㉛松田英子・吉原勝・川瀬洋子（２０２０）．児童の発達障害特性と夢の報告に関する調査研究．ストレスマネジメント研究，16（２）．60－61．
㉜「夢の話をしようじゃないか」．『母の友』２０２０年５月１日号，26－31．福音館書店
㉝大江美佐里・内村直尚（２０１４）．心的外傷後ストレス障害の悪夢に対するイメージを利用した治療　展望と今後の課題．九州神経精神医学60巻，２号，92－96．
㉞「世界一眠れない日本女性のための更年期の「夢」分析入門」．『週刊文春WOMAN』２０２１春号（９），１２

4－127.
㉟ＮＨＫ放送教育研究所（２０２０）．国民生活時間調査．（https://www.nhk.or.jp/bunken/yoron-jikan/column/sleep-2020.html^）
㊱「実践編 夢は明るい未来へのシミュレーション」『PRESIDENT』２０１８年９月17日睡眠特集号，70－73.
㊲Nielsen, T. A., Kuiken, D., Alain, G., Stenstrom, P., & Powell, R. A.（2004）. Immediate and delayed incorporations of events into dreams: further replication and implications for dream function. Journal of Sleep Research, 13（4）, 327-336.
㊳樋口直美（２０２０）．『誤作動する脳』医学書院
㊴松田英子・松岡和生・岡田斉（２０２２）．自閉症スペクトラム障害の特性と夢の感覚および感情に関する予備的研究，イメージ心理学研究，第19巻，第１号，１－９.
㊵松田英子（２０２０）．日本におけるコロナウイルス・パンデミック・ドリームの実際-成人女性３事例の夢資料に関する質的解析－．イメージ心理学研究，18，１－６.
㊶松田英子・川瀬洋子（投稿中）．悪夢を主訴とする高校生へのイメージエクスポージャーとイメージリスクリプトの適用.
㊷リチャード・ワイズマン（２０１２）．『超常現象の科学 なぜ人は幽霊が見えるのか』文藝春秋
㊸「夢」『ワセキチ』vol.40，34－41．早稲田マスコミ研究会
㊹Wegner, D. M., Wenzlaff, R. M., & Kozak, M.（2004）. Dream Rebound: The Return of Suppressed Thoughts in Dreams. Psychological Science, 15（14）, 232-236.

㊺ケヴィン・ネルソン（２０１３）.『死と神秘と夢のボーダーランド　死ぬとき、脳はなにを感じるか』インターシフト

㊻Brogaard, B. & Marlow, K.（2012）' Sleep Driving and Sleep Killing：Exploring the Kenneth Parks case. Psychology Today.（https://www.psychologytoday.com/us/blog/the-superhuman-mind/201212/sleep-driving-and-sleep-killing）

㊼「偉人たちの健康診断『徳川家光編 余は生まれながらの病弱である』」ＮＨＫ ＢＳプレミアム

㊽Sylvia Lima de Souza Medeiros et al.（2021）. Cyclic alternation of quiet and active sleep states in the octopus. iScience, 24（4）, 1-19

㊾ロバート・ローゼンバーグ（２０１７）.『睡眠の教科書 睡眠専門医が教える快眠メソッド』シャスタインターナショナル

㊿西多昌規（２０１５）.『悪夢障害』幻冬舎（幻冬舎新書）

51 Voss, U., Holzmann,R., Hobson,A., Paulus,W., Koppehele-Gossel,J., Klimke, A., & &Nitsche, M. A.（2014）. Induction of self awareness in dreams through frontal low current stimulation of gamma activity. Nature Neuroscience, 17（6）, 810-812.

52 Konkoly K. R., Appel, K., Chabani,E., Mangiaruga,A., Gott,J., Mallett,R., Caughran,B., Witkowski,S., Whitmore,N. W, Mazurek,C.Y., Berent, J.B., Weber,F.D., Türker,B., Leu-SemenescuS., Maranci,J-B., Pipa,G., Arnulf,I., Oudiette,D., Dresler,M., and Paller,K.A.,*（2021）. Real-time dialogue between experimenters and dreamers during REM sleep. Current Biology,31, 1417-1427.

53 NOVA PBS official（2021）. 'Dream Hacking: Watch 3 Groundbreaking Experiments and Dicision, Addictions,

and Sleep.' Feb 18,2021.（https://www.pbs.org/video/dream-hacking-decisions-addictions-and-sleep-m0rsvr/）
(54)ダル・ベン・シャハー（２０１５）．『ハーバードの人生を変える授業』大和書房（だいわ文庫）
(55)厚生労働省健康局　（２０１４）．健康づくりのための睡眠指針２０１４．（https://www.mhlw.go.jp/file/06-Seisakujouhou-10900000-Kenkoukyoku/0000047221.pdf）
(56)東北学院大学震災の記録プロジェクト 金菱清（ゼミナール）編（２０１８）．『私の夢まで、会いに来てくれた　３・11亡き人とのそれから』朝日新聞出版
(57)Talarico, J. M. & Rubin, D. C.（2007）. Flashbulb Memories Are Special After All; in Phenomenology, Not Accuracy. Applied Cognitive Psychology, 21, 557-578.
(58)久里浜医療センター「アルコール使用障害スクリーニングテスト」（https://kurihama.hosp.go.jp/hospital/screening/）
(59)高橋信雄・松田英子（２０２０）．「アルコール依存症の自助グループ参加者の睡眠に関する調査　断酒前後の不眠と悪夢の比較」ストレスマネジメント研究、16（２）．52－53．
(60)Levin R., & Nielsen T. A.（2007）Disturbed Dreaming, Posttraumatic Stress Disorder, And Affect Distress: A Review and Neurocognitive Model,Psychological Bulletin, 133（3）, 482-528.
(61)松田英子・松岡和生（２０２１）．日本の大学生のコロナウイルス・パンデミック・ドリームの継続的変化に関する質的研究－自粛生活と夢内容の関連の分析．行動科学、60，９－19
(62)Barrett, D.（2020）. Pandemic Dreams. Oneiroi Press.
(63)Wang, S., Matsuda, E., &Matsuoa,K.（2021）. Coronavirus Pandemic Dreams in China　（1）――The blockade

effect on dream recall frequency and the characteristics of the dreams. The 14th Biennial Conference of the Asian Association of Social Psychology. Xia,W., Wang,S., Matsuda,E., & Matsuoka,K.（2021）. Coronavirus Pandemic Dreams in China（2）——The effect of the city blockade on dream content. The 14th Biennial Conference of the Asian Association of Social Psychology.

㊽Cartwright, R. et al.（1998）. Role of REM sleep and dream affect in overnight mood regulation. Psychiatry Research, 81（1）, 1-8.

㊾Aurora, R.N., Zak, R.S., Auerbach, S.H., Casey, K.R., Chowdhuri, S., Karippot, A., Maganti, R.K., Ramar, K., Kristo, D.A., Bista, S.R., Lamm, C.I., & Morgenthaler, T.I.（2010）. Best Practice Guide for the Treatment of Nightmare Disorder in Adults. Standards of Practice Committee. Journal of Clinical Sleep Medicine, 6, 389-401. Krakow,B. & Zadra,A.（2006）. Clinical Management of Chronic Nightmares: Imagery Rehearsal Therapy. Behavioral Sleep Medicine,4（1）,45-70.

㊿マイケル L. ペルリス，マーク S. アロイア，&ブレット R. クーン（２０１５）．『睡眠障害に対する認知行動療法 行動睡眠医学的アプローチへの招待』風間書房

67松田英子（２０１５）．睡眠とイメージ―悪夢の認知行動療法：セルフモニタリング，認知再構成法およびイメージエクスポージャーの利用．イメージ心理学研究，13，17－22．

68松田英子・松岡和生（２０２１）．悪夢のイメージリハーサルセラピーにおけるイメージリスクリプトの分類に関する予備的研究．日本イメージ心理学会第22回大会発表論文集，10－11．

69Spoormaker, V.I.（2008）. A cognitive model of recurrent nightmares. International Journal of Dream Research, 1（1）, 15 - 22.

⑦⓪アントニオ・ザドラ&ロバート・スティックゴールド（２０２１）．『夢を見るとき脳は――睡眠と夢の謎に迫る科学』紀伊国屋書店

⑦①Domhoff, W.（2017）. The Emergence of Dreaming: Mind-Wandering, Embodied Simulation, and the Default Network. Oxford University Press.

⑦②岸本寛史編著（２０１５）．『ニューロサイコアナリシスへの招待』誠信書房

⑦③Braun,A.R., Balkin,T.J., Wesensten, N.J., Gwadry,F., Carson, R.E.,Varga,M, Baldwin, P., Belenky,G.,& Herscovitch,P.（1998）. Dissociated pattern of activity in visual cortices and their projections during human rapid eye movement sleep. Science, 279, 91-95. Maquet, P.（2000）. Functional neuroimaging of normal human sleep by positron emission tomography. Journal of sleep research,9（3）,207-231.

⑦④宮内哲・寒重之（２０１５）．急速眼球運動と夢見―Seeing a dreaming brain―睡眠医療．９（４）．５０９-５１８

⑦⑤Arnulf, I.（2011）. The 'scanning hypothesis' of rapid eye movements during REM sleep: A review of the evidence. Archives Italiennes de Biologie, 149（4）,367-382.

⑦⑥Horikawa,T., Tamaki,M., Miyawaki, Y., & Kamitani, Y.（2013）. Neural Decoding of Visual Imagery during Sleep. Science, 340, 639-642.

松田英子（まつだ えいこ）

夢の専門家。

東洋大学社会学部社会心理学科教授。

公認心理師・臨床心理士。

お茶の水女子大学文教育学部卒、お茶の水女子大学大学院人間文化研究科単位取得満期退学。博士（人文科学）。専門は臨床心理学、パーソナリティ心理学、健康心理学。

著書に『夢と睡眠の心理学』（風間書房）、『図解 心理学が見る見るわかる』（サンマーク出版）、『夢を読み解く心理学』（ディスカヴァー・トゥエンティワン）、『はじめての明晰夢 夢をデザインする心理学』（朝日出版社）など多数。

関心分野は、睡眠の改善から心の健康を高めること。小学生から90代まで1万人以上の夢を収集・分析しており、夢の専門家としてメディアにも多数出演している。

1万人の夢を分析した研究者が教える今すぐ眠りたくなる夢の話

2023年2月25日　初版発行

著者　松田英子

発行者　横内正昭
発行所　株式会社ワニブックス
〒150-8482
東京都渋谷区恵比寿4-4-9えびす大黒ビル
電話　03-5449-2711（代表）
　　　03-5449-2734（編集部）

装丁　小口翔平＋嵩あかり（tobufune）
フォーマット　橋田浩志（アティック）
編集協力　杉本透子
校正　玄冬書林
編集　内田克弥（ワニブックス）

印刷所　凸版印刷株式会社
DTP　株式会社 三協美術
製本所　ナショナル製本

ISBN 978-4-8470-6682-5
ワニブックスHP　http://www.wani.co.jp/
WANI BOOKOUT　http://www.wanibookout.com/
WANI BOOKS NewsCrunch　https://wanibooks-newscrunch.com/